Stéphane Ribeiro

TOUT SUR MA FAMILLE

L'AMOUR DE MA VIE, PAPA, MAMAN, LES AUTRES ET MOI

Carnet à remplir et à garder
pour se souvenir de tout
et de tous ceux qui ont toujours
été là et le seront encore

ISBN : 978-2-412-02302-0
Dépôt légal : novembre 2017
Imprimé en République Tchèque

Création graphique : Lisa Magano
Mise en page : Stéphane Angot

Éditions First, un département d'Édi8
12, avenue d'Italie
75013 Paris – France
Tél : 01 44 16 09 00
Fax : 01 44 16 09 01
E-mail : firstinfo@efirst.com

Site Internet : www.editionsfirst.fr

TOUT SUR MA FAMILLE

Ce carnet de famille et cette famille appartiennent à

. . . .

. . . .

. . . .

Du même auteur :

- « TOUT SUR NOUS »
  (Le Livre de Poche)
- « TOUT SUR MOI »
  (First)
- « TOUT SUR MA FAMILLE »
  (First)
- « TOUT SUR MES AMIS »
  (First)
- « TOUT SUR MES AMOURS »
  (First)
- « TOUT SUR MON CHIEN »
  (à confirmer)
- « TOUT SUR MES VOISINS QUE JE DETESTE »
  (à confirmer encore)
- « TOUT SUR MES PASSIONS A LA CON »
  (à confirmer vraiment)
- « TOUT SUR MES MALADIES SEXUELLEMENT TRANSMISSIBLES »
  (à confirmer aussi)
- « LE LIVRE DE MES LISTES »
  (Le Livre de Poche)
- « CAHIER DE DEFOULAGE AU BUREAU »
  (First)
- « DICO FRANÇAIS ADOS »
  (First)
- « C'ETAIT MIEUX AVANT »
  (First)
- « ALLEZ TOUS VOUS FAIRE ENCULER »
  (avec Christelle Parlanti et Mathieu Madénian)
  (First)

« On appelle famille un groupe d'individus unis par le sang et brouillés par des questions d'argent. »

Edouard Rey

« On ne choisit pas ses parents, on ne choisit pas sa famille. On ne se choisit même pas soi-même. »

Philippe Geluck

« Ohana » signifie famille, famille signifie que personne ne doit être abandonné, ni oublié. »

Lilo & Stitch - Lilo à Stitch

« Il y a toujours une cuillère malpropre dans chaque famille. »

Proverbe géorgien

Table des matières

Préambule

Une famille, ce n'est pas qu'un arbre généalogique ou des photos plus ou moins jaunies par le temps.

Une famille, ce sont des souvenirs, des instants partagés, des dates d'anniversaire à se rappeler, mais aussi des cadeaux ratés, des surnoms, des disputes, de la vie et de l'amour. Beaucoup d'amour.

Ce sont des gens qui sont là depuis toujours et qui le seront encore après.

Ce sont aussi des gens qu'on oublie un peu parfois. Et d'autres qui arrivent d'un coup.

Il n'y a pas un modèle de famille, mais il y a la vôtre et c'est déjà pas mal.

Ce livre est un carnet de famille à remplir vous-même, il va vous aider à noter tout ce qui vous semblera important sur les membres de votre famille, des plus proches aux plus éloignés.

Vous trouverez des fiches plus ou moins détaillées qui vous accompagneront et vous pourrez le remplir progressivement, en fonction de l'évolution de votre famille.

Vous pourrez ne pas répondre à tout, décider vous-même de ce qui est important, le gribouiller, le raturer. Il est à vous, c'est le vôtre, il y a votre nom dessus. Exactement comme votre famille.

Dans ce carnet, vous pourrez noter et conserver tout ce qui vous semblera important.

Ce carnet ne vous quittera plus. Exactement comme eux.

Stéphane Ribeiro

PHOTO

MOI EN QUELQUES MOTS

- Quel est votre prénom ?
- Quel est votre nom ?
- Quelle est votre date de naissance ?
- Où êtes-vous né(e) ?
- Quelle est votre nationalité ?
- De quelle région vous sentez-vous originaire même si vous n'y habitez pas forcément ?
- Quelle est votre adresse ?

Quels sont vos surnoms, sobriquets ou autres petits noms usuels que vous ont donné les membres de votre famille ?

Papa

Maman

Frères et sœurs

Oncles et tantes

Grands-parents

Autres

- Quel est votre numéro de téléphone ?
- Quel est votre numéro de sécurité sociale ?

Vous aimez

- ☐ Les garçons
- ☐ Les filles
- ☐ Tout

- Quel est votre numéro de passeport ?
- Quel est votre signe astrologique ?

- Quelle est votre adresse mail ?
- Quel est votre pseudo sur Internet ?
- Quelle est votre profession ?
- Qu'aimeriez-vous faire dans la vie si c'était possible ?
- Qu'est-ce qui vous fait rire ?
- Qu'est-ce qui vous fait pleurer ?
- Qu'est-ce qui vous fait peur ?
- Qu'est-ce qui vous fait rêver ?

Êtes-vous en couple ?

- [ ] Oui
- [ ] Non
- [ ] Faut voir, ce n'est pas si simple.

- Si oui, ou si « faut voir ce n'est pas si simple », avec qui êtes-vous en couple ?
- Si oui, ou si « faut voir ce n'est pas si simple », comment s'appellent-ils ?

Avez-vous un ou des enfants ?

- [ ] Oui
- [ ] Non
- [ ] Faut voir, ce n'est pas si simple.

Avez-vous un ou des animaux domestiques ?

- ☐ Oui
- ☐ Non
- ☐ Faut voir, ce n'est pas si simple.

- Si oui, ou si « faut voir ce n'est pas si simple », qu'est-ce donc et comment s'appellent-ils ?

- Quelles sont vos particularités physiques distinctives ?

- Quel est votre groupe sanguin ?

- À quoi êtes-vous allergique ?

- Quel est le dieu que vous vénérez ? (ça peut aller de Jésus à Zidane)

- De qui êtes-vous le sosie ?

- Quelles langues parlez-vous ?

Politiquement, vous êtes...

- ☐ À gauche
- ☐ À droite
- ☐ Au centre
- ☐ Où vous pouvez
- ☐ Nulle part

- Quel(s) sport(s) pratiquez-vous ?

- Qu'avez-vous comme voiture ou moyen de locomotion ?

- Quels sont vos hobbys ?

- Quelle est votre devise ?
- De quoi êtes-vous fier(e) ?
- De quoi avez-vous honte ?
- Qu'aimez-vous chez vous ?
- Que détestez-vous chez vous ?
- Qu'avez-vous reçu comme récompense dans la vie ?
- Quelle est votre couleur préférée ?
- Quelle est l'odeur que vous préférez ?
- Quelle est l'odeur que vous ne supportez pas ?
- Quel est votre gros mot préféré ?
- Quel est votre livre préféré ?
- Quel est votre film préféré ?
- Quelle est votre chanson préférée ?
- De qui êtes-vous fan ?
- Qui auriez-vous aimé être ?

- Où rêvez-vous de vivre ?
- Quel est votre cocktail préféré ?
- Quel est votre parfum ?
- Qui est votre meilleur(e) ami(e) ?
- Qui est votre ennemi intime ?
- Qui est l'amour de votre vie ?

Trois choses que vous aimez :

Trois choses que vous détestez :

MA FAMILLE
EN UN COUP D'ŒIL

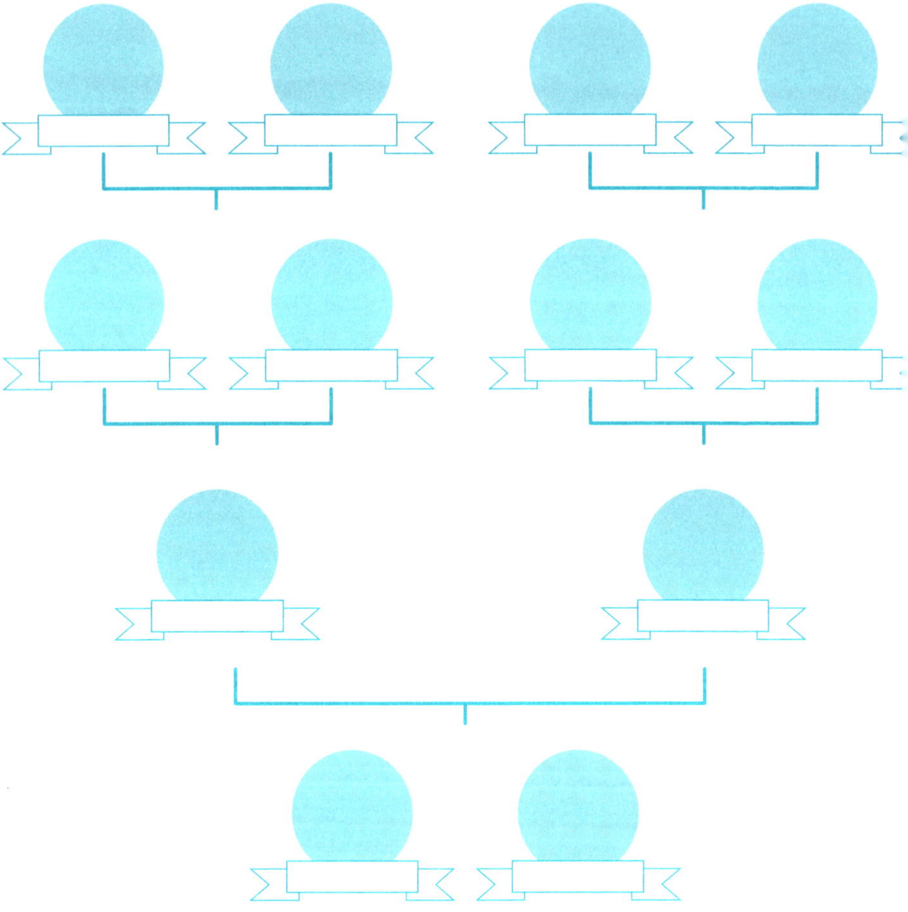

MA FAMILLE EN QUELQUES QUESTIONS BIZARRES

- Quelle est votre définition de la famille ?

- Qui constitue votre famille proche ?

Quelles sont les 5 règles importantes au sein de votre famille ?

Vous préférez...

- Papa ou Maman ?
- Lequel de vos frères ou sœurs ?
- Lequel de vos enfants ?
- Lequel de vos petits-enfants ?
- Lequel de vos grands parents ?
- Lequel de vos oncles ou tantes ?
- Lequel de vos cousins ou cousines ?
- Lequel des membres de votre belle-famille ?

Qui est le membre de votre famille…

Le plus drôle ? ....
Le plus beau ? ....
Le plus gentil ? ....
Le plus intelligent ? ....
Le plus riche ? ....
Le plus radin ? ....
Le plus sexy ? ....
Le plus intéressant ? ....
Le plus cultivé ? ....
Le plus stupide ? ....
Le plus désagréable ? ....
Le plus insupportable ? ....
Le plus à droite ? ....
Le plus à gauche ? ....
Le plus raciste ? ....
Le plus lourd avec ses blagues ? ....
Celui qui ne sent pas très bon ? ....
Celui qui pique un peu ? ....

- Avec quel membre de votre famille auriez-vous pu avoir une aventure ? ....
- Avec quel membre de votre famille s'est-il d'ailleurs passé quelque chose ? ....
- Avec quels membres de votre famille êtes-vous plus ou moins fâché(e) et pourquoi ? ....
- À quels membres de votre famille ne parlez-vous plus du tout ? ....
- Quels sont les décès dans votre famille qui vous ont le plus touché(e) jusqu'ici ? ....

Top 10		
Les membres de votre famille par ordre de préférence	Les membres de votre famille que vous aimez le moins	Les dates à ne pas oublier dans la famille

PHOTO

MON AMOUREUX(SE)

- Quel est son prénom ?
- Quel est son nom ?
- Comment l'appelez-vous dans l'intimité ?
- Quand vous êtes-vous marié(e)s ou pacsé(e)s ?
- Quels sont sa date et son lieu de naissance ?

Êtes-vous

- Marié(e)s
- Pacsé(e)s
- En union libre
- Séparé(e)s
- Heureux
- Frustré(e)s
- Toujours amoureux/ses
- Toujours prêt(e)s à vous disputer
- Chanceux/se
- Un peu moins amoureux/se
- Avec la bonne personne
- Satisfait(e) sexuellement

- Quel est son numéro de téléphone ?
- Quelle est son adresse mail ?

Ses parents vous aiment-ils ?

- Oui
- Non
- Globalement ça va

- Depuis quand êtes-vous ensemble ?
- Quel est le jour de sa fête ?
- Quel fait-il (elle) dans la vie ?

Vous l'aimez essentiellement pour...

- Son argent
- Sa beauté
- Son intelligence
- Son humour
- Ses cheveux
- Sa cuisine
- Le sexe
- Son corps
- Ses papiers français
- Ne pas être seul(e)

Plus précisément, veuillez lui donner une note sur 5 dans les domaines suivant :

Visage : ....
Corps : ....
Jambes : ....
Mains : ....
Fesses : ....
Pieds : ....
Seins : ....
Sexe : ....
Peau : ....
Abdominaux : ....
Coiffure : ....
Maquillage : ....
Parfum : ....
Regard : ....
Sourire : ....
Charme : ....
Classe : ....

Vêtements : ....
Voix : ....
Intelligence : ....
Humour : ....
Culture : ....
Tolérance : ....
Opinions politiques : ....
Galanterie : ....
Élégance : ....
Générosité : ....
Hygiène : ....
Bon parti : ....
Fêtard : ....
Baisers : ....
Massages : ....
Tendresse : ....

Câlins : ....
Cadeaux : ....
Tâches ménagères : ....
Macho : ....
Féministe : ....
Sexe oral : ....
Bricolage : ....
Cuisine : ....
Initiatives : ....
Parents : ....
Amis : ....
Mauvaise foi : ....
Pénibilité : ....
Indépendance : ....
Capacité à être heureux(se) : ....

- Qu'a-t-il (elle) fait comme études ?
- Pourriez-vous le (la) décrire physiquement en quelques mots ?
- Qu'est-ce que vous aimez le plus chez lui (elle) ?
- Qu'est-ce qui vous a fait craquer chez lui (elle) ?
- À quelle célébrité vous fait-il (elle) parfois penser ?
- À quelle héros (héroïne) vous fait-il (elle) penser ?
- Quand vous parlez de cette personne à d'autres, comment la désignez-vous ?
- Où, quand et comment vous êtes-vous rencontré(e)s ?
- Qui a servi d'intermédiaire ?
- Qui a dragué l'autre en premier ?

- Quand et où vous êtes-vous embrassé(e)s pour la première fois ? . . . .

Ce baiser, comment était-ce ?

- [ ] Formidable
- [ ] Incroyable
- [ ] Surprenant
- [ ] Intense
- [ ] Tendre
- [ ] Caliente
- [ ] Décevant
- [ ] Rapide
- [ ] Acrobatique
- [ ] Violent
- [ ] Ennuyeux
- [ ] Très agréable

. . . .

. . . .

- Quelle note donneriez-vous à ce premier baiser ? . . . . .

. . . .

Votre couple en listes

Endroits les plus insolites où vous avez fait l'amour : ------------------

----

Endroits où vous n'avez pas encore fait l'amour : ------------------

----

Vos envies communes : --

Destinations de vacances où vous êtes allé(e)s : ------------------

----

Meilleurs choses que vous avez faites : ------------------------

----

Pires choses que vous avez faites : ----------------------------

----

. . . .

- Quand et où avez-vous fait l'amour ensemble pour la première fois ? . . . .

. . . .

. . . .

- Quelle note donneriez-vous à cette première fois ?
- Qu'est-ce qui vous excite le plus chez lui (elle) ?
- Qu'est-ce qui vous excite le moins chez lui (elle) ?
- À quel rythme faites-vous l'amour aujourd'hui ?
- Qu'a-t-il (elle) que les autres n'ont pas ?
- Qu'est-ce que vous aimez chez lui (elle) ?
- Qu'est-ce que vous n'aimez pas chez lui (elle) ?
- Qu'aimez-vous particulièrement faire ensemble ?
- Quel est votre plus beau souvenir ensemble ?
- Quelles sont ses trois plus grandes qualités ?
- Et quel est son principal défaut ?
- Physiquement, qu'est-ce que vous préférez chez lui (elle) ?

- Physiquement, qu'est-ce que vous ne trouvez pas très joli chez lui (elle) ?

- Quel est le plat qu'il (elle) prépare et que vous préférez ?

Paroles, paroles...

Qu'est-ce que vous ne lui avez jamais dit ?

Qu'est-ce que vous aimeriez ne plus lui dire ?

Qu'est-ce que vous aimeriez qu'il (elle) vous dise ?

Qu'est-ce que vous auriez aimé qu'il (elle) ne vous dise pas ?

- Qu'est-ce qu'il (elle) a de plus que les autres ?

- Qu'est-ce qui a changé chez vous depuis que vous êtes ensemble ?

- Qu'a-t-il (elle) apporté dans votre vie ?

- Pourquoi l'aimez-vous ?

- Quelles mauvaises habitudes aimeriez-vous qu'il (elle) arrête ?

Cadeaux

Le premier que vous lui avez fait : ....

Le premier qu'il (elle) vous a fait : ....

Le plus beau que vous lui avez fait : ....

Le plus beau qu'il (elle) vous a fait : ....

Le pire qu'il (elle) vous a fait : ....

Cadeaux que vous lui avez offerts : ....

....

Cadeaux qu'il (elle) vous a offerts : ....

....

Cadeaux qui pourraient lui plaire la prochaine fois : ....

....

Sur quels sujets vous disputez-vous le plus souvent ?

- ☐ Le contrôle de la télécommande
- ☐ L'éducation des enfants
- ☐ Les tâches ménagères
- ☐ Le temps qu'il (elle) passe sur Internet
- ☐ Le travail
- ☐ Le choix des vacances
- ☐ Le choix du film à voir au cinéma
- ☐ L'argent
- ☐ Le sexe
- ☐ Son don pour être tout le temps en retard
- ☐ Ses (vos) ex
- ☐ Les parents

Autre. Précisez : ------------

Vos dernières disputes

Date	Sujet	Vainqueur

- À quel animal vous fait-il (elle) penser ?
- Quels sont ses amis que vous préférez ?
- Quel(le) est son ami(e) que vous n'aimez vraiment pas ?
- De quel(le) ex restez-vous toujours un peu jaloux(se) malgré tout ?

Liste de ses ex

Nom	Période	Qui a quitté qui ?	Danger potentiel (sur 5)

- Qui aimez-vous le plus dans sa famille ?

- Qui aimez-vous le moins dans sa famille ?

- Qu'est-ce que vos parents critiquent souvent chez lui (elle) ?

Vos parents l'apprécient-ils ?

- [ ] Oui, un peu
- [ ] Oui, beaucoup
- [ ] Oui, passionnément
- [ ] Oui, à la folie
- [ ] Non, pas du tout

Vous préférez

Ses mains ou ses pieds ? ____________________
Sa bouche ou ses yeux ? ____________________
Sa peau ou ses cheveux ? ____________________
Sa manière d'embrasser ou sa manière de faire l'amour ? ____________________
Son profil ou son visage de face ? ____________________
Sa voix ou son corps ? ____________________
Son père ou sa mère ? ____________________

Si vous n'en avez pas, seriez-vous prêt(e) à faire des enfants avec lui (elle) ?

- [ ] Oui
- [ ] Non

Si oui, combien ? ______

- Liste des films vus ensemble au cinéma.

- Liste de vos endroits préférés pour boire un verre ou diner.

- Qu'est-ce que vous aimeriez qu'il (elle) change ?

Qu'est-ce que vous ne voulez surtout pas savoir aujourd'hui ?

- Combien d'ex il (elle) a.
- Ce qu'il (elle) raconte à ses ami(e)s sur vous.
- À quoi il (elle) pense quand vous faites l'amour.
- Le prix de ses dernières chaussures.
- Le montant des DVD achetés le mois dernier.
- Ce qu'il (elle) pense du métier que vous faites.
- Ce qui se passe à son boulot.
- La note qu'il (elle) vous mettrait sur 20.
- Les raisons qui l'ont poussé(e) à vivre avec vous.
- Si il (elle) simule parfois.
- Quand il (elle) a envie de faire caca.
- Si il (elle) vous a trompé(e).
- Ce qu'il (elle) marmonne quand il (elle) marmonne seul(e) dans son coin.
- Ce qu'il (elle) pense de votre meilleur copain (copine).
- À quoi il (elle) pense quand il (elle) vous voit tout(e) nu(e).
- Le nombre de fois où il (elle) se fait draguer par semaine.
- Autre chose, précisez : ....

....

BON À NOTER ICI POUR S'EN SOUVENIR SI BESOIN

- Sa taille ? . . . .
- Son poids ? . . . .
- Sa pointure ? . . . .
- Son surnom ? . . . .
- La couleur de ses yeux ? . . . .
- Ses signes distinctifs (cicatrices, tatouages, piercings) ? . . . .
- Son diplôme le plus élevé ? . . . .

- Le prénom de sa mère ?
- Le prénom de son père ?
- Ses frères et sœurs ?
- Ses neveux et nièces ?
- Son (sa) meilleur(e) ami(e) ?
- Sa couleur préférée ?
- Son parfum ?
- Son animal préféré ?
- Ses fleurs préférées ?
- Son idole absolue ?
- Son dessert préféré ?
- Son journal préféré ?
- Son 1er amour ?
- Le rêve de sa vie ?
- Le nom de son patron ?
- Son film préféré ?
- Son livre préféré ?
- Sa chanson préférée ?
- Son chanteur /sa chanteuse préféré(e) ?
- Son groupe préféré ?
- Son acteur / actrice préféré(e) ?

- Son émission préférée ?
- Sa série TV préférée ?
- Son dessin animé préféré ?
- Son comique préféré ?
- Son passe-temps préféré ?
- Son jeu préféré ?
- Son sport préféré ?
- Son animal familier quand il (elle) était petit(e) ?
- Son tableau préféré ?
- Sa ville préférée ?
- Son lieu de vacances préféré ?
- Ce qu'il (elle) boit au petit-déjeuner ?
- Son apéritif préféré ?
- Sa tenue pour dormir ?
- Ce qu'il (elle) déteste manger ?

- Ce qu'il (elle) aime collectionner ?
- Son personnage Disney préféré ?
- Son juron préféré ?
- Ses chaussures favorites ?
- Son bonbon préféré ?
- Son péché mignon ?
- Son parfum de glace préféré ?
- Le vêtement auquel il (elle) tient particulièrement ?
- Son club de foot favori ?
- Son plus grand voyage ?
- Sa position préférée pour faire l'amour ?
- L'endroit du corps où il (elle) aime bien être embrassé(e) ?
- Son vœu le plus cher ?
- Autre choses à savoir sur votre amoureux(se) :

PHOTO

MES ENFANTS

- Combien avez-vous d'enfants ?
- Sinon, combien aimeriez-vous avoir d'enfants ?
- Liste de vos enfants par ordre de préférence

Est-ce que ce chiffre vous convient ?

- Oui
- Non

Bon, d'accord, c'est un peu dur, alors liste de vos enfants par ordre d'apparition dans votre vie

Prénom	Date de naissance	Surnom	Ce que vous aimez le plus chez lui

MON ENFANT N°1

PHOTO

- Prénom(s) :
- Conçu avec :
- Qui a trouvé ce(s) prénom(s) ?
- Pourquoi ce prénom ?
- Quels autres prénoms a-t-il (elle) failli porter ?
- Date, heure et lieu de naissance ?
- Lieu de conception probable ?
- Quel souvenir marquant gardez-vous de sa naissance ?
- Par quel petit nom l'appelez-vous depuis qu'il (elle) est petit(e) ?
- Signes particuliers ?
- À qui ressemble-t-il ?

- Quel mot vous vient à l'esprit quand vous pensez à lui (elle) ?
- Ses mots d'enfants mémorables ?
- Votre meilleur souvenir avec lui (elle) ?
- Votre pire souvenir avec lui (elle) ?
- Son histoire préférée quand il (elle) était petit(e) ?
- Son doudou ?
- Son jouet préféré ?
- En quoi était-il (elle) doué(e) enfant ?
- Quel a été son premier mot ?
- Qui était son (sa) meilleur(e) ami(e) d'enfance ?
- Qui était son idole quand il (elle) était petit(e) ?
- Qui était son héros préféré ?
- Le plus beau cadeau qu'il (elle) vous a fait ?

- Le cadeau le plus moche qu'il (elle) vous a fait ?
- Que voulait-il (elle) faire comme métier étant petit(e) ?
- Qu'auriez-vous aimé qu'il (elle) fasse comme métier en étant adulte ?
- Dans quelles écoles est-il (elle) allé(e) ?
- Quel(s) sport(s) pratique-t-il (elle) ?
- Qu'auriez-vous aimé qu'il (elle) apprenne ?
- Qu'a-t-il (elle) fait de pire à l'adolescence ?
- Ses plus grandes qualités ?
- Ses plus grands défauts ?

- Que retrouvez-vous de vous en lui (elle) ?

- Qu'est-ce qui vous a rendu le plus fier(e) de lui (elle) ?

- Liste des moments où vous avez été incroyablement fier(e) de lui (elle) :

- En quoi vous ressemble-t-il (elle) ?

- En quoi est-il (elle) différent(e) de vous ?

- Sur quels sujets avez-vous du mal à vous entendre ?

- Qu'est-ce qui vous énerve toujours un peu chez lui (elle) ?

- En quoi est-il (elle) doué(e) ?

- En quoi n'est-il (elle) pas très doué(e) ?

- Petit(e), en quoi était-il (elle) plutôt en avance ?

3 trucs qu'il (elle) aime :

3 trucs qu'il (elle) n'aime pas :

- Qu'êtes-vous fier(e) de lui avoir appris ?

- Qu'aimeriez-vous encore lui apprendre ?

- Quels sujets vaut-il mieux éviter d'aborder ?

- Qu'est-ce que vous aimeriez-lui dire un jour ?

- Qu'aimeriez-vous qu'il (elle) vous dise un jour ?

- Quelle est la question que vous aimeriez lui poser ?

- Liste de ce que vous aimeriez lui dire à propos de la vie

- Qu'aimeriez-vous qu'il (elle) sache à propos de vous ?

- Avec lesquels de ses choix n'avez-vous pas été d'accord ?

- Qu'est-ce qui vous inquiète toujours à son sujet ?

- Quel regret avez-vous sur son éducation ?

- Qu'avez-vous toujours aimé faire avec lui (elle) ?

- Liste des endroits où vous êtes allés en vacances ensemble ?

- Quel est son métier aujourd'hui ?

- Comment s'appelait son premier amour ?

- L'aimiez-vous ?

- Quel(le) est son ex que vous préfériez ?
- Liste de ses différents amours depuis l'enfance
- Avec qui sort-il (elle) actuellement ?
- Date de naissance ?
- Date de leur rencontre ?
- Nom de ses parents ?

Trois éléments que vous aimez chez lui (elle)	Trois éléments que vous n'aimez pas chez lui (elle)

- Liste des cadeaux que vous lui avez faits

- Liste des cadeaux qu'il (elle) vous a faits

A-t-il (elle) des enfants ?

- [ ] Oui
- [ ] Non

- Quels sont leurs noms, prénoms et dates de naissance ?

Quelles notes sur 5 mettriez-vous à votre enfant dans les domaines suivants

Enfance :

Adolescence :

Âge adulte :

Études :

Travail :

Gentillesse :

Humour :

Intelligence :

Serviabilité :

Fréquence des appels :

Fierté :

Sport :

Fainéantise :

Langage :

Valeurs morales :

- Autres choses bonnes à savoir sur votre enfant :

MON ENFANT N°2

PHOTO

- Prénom(s) :
- Conçu avec :
- Qui a trouvé ce(s) prénom(s) ?
- Pourquoi ce prénom ?
- Quels autres prénoms a-t-il (elle) failli porter ?
- Date, heure et lieu de naissance ?
- Lieu de conception probable ?
- Quel souvenir marquant gardez-vous de sa naissance ?
- Par quel petit nom l'appelez-vous depuis qu'il (elle) est petit(e) ?
- Signes particuliers ?
- À qui ressemble-t-il ?

- Quel mot vous vient à l'esprit quand vous pensez à lui (elle) ?
- Ses mots d'enfants mémorables ?
- Votre meilleur souvenir avec lui (elle) ?
- Votre pire souvenir avec lui (elle) ?
- Son histoire préférée quand il (elle) était petit(e) ?
- Son doudou ?
- Son jouet préféré ?
- En quoi était-il (elle) doué(e) enfant ?
- Quel a été son premier mot ?
- Qui était son (sa) meilleur(e) ami(e) d'enfance ?
- Qui était son idole quand il (elle) était petit(e) ?
- Qui était son héros préféré ?
- Le plus beau cadeau qu'il (elle) vous a fait ?

- Le cadeau le plus moche qu'il (elle) vous a fait ?
- Que voulait-il (elle) faire comme métier étant petit(e) ?
- Qu'auriez-vous aimé qu'il (elle) fasse comme métier en étant adulte ?
- Dans quelles écoles est-il (elle) allé(e) ?
- Quel(s) sport(s) pratique-t-il (elle) ?
- Qu'auriez-vous aimé qu'il (elle) apprenne ?
- Qu'a-t-il (elle) fait de pire à l'adolescence ?
- Ses plus grandes qualités ?
- Ses plus grands défauts ?

- Que retrouvez-vous de vous en lui (elle) ?

- Qu'est-ce qui vous a rendu le plus fier(e) de lui (elle) ?

- Liste des moments où vous avez été incroyablement fier(e) de lui (elle) :

- En quoi vous ressemble-t-il (elle) ?

- En quoi est-il (elle) différent(e) de vous ?

- Sur quels sujets avez-vous du mal à vous entendre ?

- Qu'est-ce qui vous énerve toujours un peu chez lui (elle) ?

- En quoi est-il (elle) doué(e) ?

- En quoi n'est-il (elle) pas très doué(e) ?

- Petit(e), en quoi était-il (elle) plutôt en avance ?

3 trucs qu'il (elle) aime :	**3 trucs qu'il (elle) n'aime pas :**

- Qu'êtes-vous fier(e) de lui avoir appris ?

- Qu'aimeriez-vous encore lui apprendre ?

- Quels sujets vaut-il mieux éviter d'aborder ?

- Qu'est-ce que vous aimeriez-lui dire un jour ?

- Qu'aimeriez-vous qu'il (elle) vous dise un jour ?

- Quelle est la question que vous aimeriez lui poser ?

- Liste de ce que vous aimeriez lui dire à propos de la vie

- Qu'aimeriez-vous qu'il (elle) sache à propos de vous ?

- Avec lesquels de ses choix n'avez-vous pas été d'accord ?

- Qu'est-ce qui vous inquiète toujours à son sujet ?

- Quel regret avez-vous sur son éducation ?

- Qu'avez-vous toujours aimé faire avec lui (elle) ?

- Liste des endroits où vous êtes allés en vacances ensemble.

- Quel est son métier aujourd'hui ?

- Comment s'appelait son premier amour ?

- L'aimiez-vous ?

- Quel(le) est son ex que vous préfériez ?

- Liste de ses différents amours depuis l'enfance

- Avec qui sort-il (elle) actuellement ?

- Date de naissance ?

- Date de leur rencontre ?

- Nom de ses parents ?

Trois éléments que vous aimez chez lui (elle)	Trois éléments que vous n'aimez pas chez lui (elle)

- Liste des cadeaux que vous lui avez faits

- Liste des cadeaux qu'il (elle) vous a faits

A-t-il (elle) des enfants ?

- [ ] Oui
- [ ] Non

- Quels sont leurs noms, prénoms et dates de naissance ?

Quelles notes sur 5 mettriez-vous à votre enfant dans les domaines suivants

Enfance :

Adolescence :

Âge adulte :

Études :

Travail :

Gentillesse :

Humour :

Intelligence :

Serviabilité :

Fréquence des appels :

Fierté :

Sport :

Fainéantise :

Langage :

Valeurs morales :

- Autres choses bonnes à savoir sur votre enfant :

MON ENFANT N°3

PHOTO

- Prénom(s) :
- Conçu avec :
- Qui a trouvé ce(s) prénom(s) ?
- Pourquoi ce prénom ?
- Quels autres prénoms a-t-il (elle) failli porter ?
- Date, heure et lieu de naissance ?
- Lieu de conception probable ?
- Quel souvenir marquant gardez-vous de sa naissance ?
- Par quel petit nom l'appelez-vous depuis qu'il (elle) est petit(e) ?
- Signes particuliers ?
- À qui ressemble-t-il ?

- Quel mot vous vient à l'esprit quand vous pensez à lui (elle) ?
- Ses mots d'enfants mémorables ?
- Votre meilleur souvenir avec lui (elle) ?
- Votre pire souvenir avec lui (elle) ?
- Son histoire préférée quand il (elle) était petit(e) ?
- Son doudou ?
- Son jouet préféré ?
- En quoi était-il (elle) doué(e) enfant ?
- Quel a été son premier mot ?
- Qui était son (sa) meilleur(e) ami(e) d'enfance ?
- Qui était son idole quand il (elle) était petit(e) ?
- Qui était son héros préféré ?
- Le plus beau cadeau qu'il (elle) vous a fait ?

- Le cadeau le plus moche qu'il (elle) vous a fait ?
- Que voulait-il (elle) faire comme métier étant petit(e) ?
- Qu'auriez-vous aimé qu'il (elle) fasse comme métier en étant adulte ?
- Dans quelles écoles est-il (elle) allé(e) ?
- Quel(s) sport(s) pratique-t-il (elle) ?
- Qu'auriez-vous aimé qu'il (elle) apprenne ?
- Qu'a-t-il (elle) fait de pire à l'adolescence ?
- Ses plus grandes qualités ?
- Ses plus grands défauts ?

- Que retrouvez-vous de vous en lui (elle) ?
- Qu'est-ce qui vous a rendu le plus fier(e) de lui (elle) ?
- Liste des moments où vous avez été incroyablement fier(e) de lui (elle) :
- En quoi vous ressemble-t-il (elle) ?
- En quoi est-il (elle) différent(e) de vous ?
- Sur quels sujets avez-vous du mal à vous entendre ?
- Qu'est-ce qui vous énerve toujours un peu chez lui (elle) ?
- En quoi est-il (elle) doué(e) ?
- En quoi n'est-il (elle) pas très doué(e) ?
- Petit(e), en quoi était-il (elle) plutôt en avance ?

3 trucs qu'il (elle) aime :

3 trucs qu'il (elle) n'aime pas :

- Qu'êtes-vous fier(e) de lui avoir appris ?

- Qu'aimeriez-vous encore lui apprendre ?

- Quels sujets vaut-il mieux éviter d'aborder ?

- Qu'est-ce que vous aimeriez-lui dire un jour ?

- Qu'aimeriez-vous qu'il (elle) vous dise un jour ?

- Quelle est la question que vous aimeriez lui poser ?

- Liste de ce que vous aimeriez lui dire à propos de la vie

- Qu'aimeriez-vous qu'il (elle) sache à propos de vous ?

- Avec lesquels de ses choix n'avez-vous pas été d'accord ?

- Qu'est-ce qui vous inquiète toujours à son sujet ?

- Quel regret avez-vous sur son éducation ?

- Qu'avez-vous toujours aimé faire avec lui (elle) ?

- Liste des endroits où vous êtes allés en vacances ensemble.

- Quel est son métier aujourd'hui ?

- Comment s'appelait son premier amour ?

- L'aimiez-vous ?

- Quel(le) est son ex que vous préfériez ?

- Liste de ses différents amours depuis l'enfance

- Avec qui sort-il (elle) actuellement ?

- Date de naissance ?

- Date de leur rencontre ?

- Nom de ses parents ?

Trois éléments que vous aimez chez lui (elle)	Trois éléments que vous n'aimez pas chez lui (elle)

- Liste des cadeaux que vous lui avez faits

- Liste des cadeaux qu'il (elle) vous a faits

A-t-il (elle) des enfants ?

- Oui
- Non

- Quels sont leurs noms, prénoms et dates de naissance ?

Quelles notes sur 5 mettriez-vous à votre enfant dans les domaines suivants

Enfance : ______

Adolescence : ______

Âge adulte : ______

Études : ______

Travail : ______

Gentillesse : ______

Humour : ______

Intelligence : ______

Serviabilité : ______

Fréquence des appels : ______

Fierté : ______

Sport : ______

Fainéantise : ______

Langage : ______

Valeurs morales : ______

- Autres choses bonnes à savoir sur votre enfant :

MON ENFANT N°4

PHOTO

- Prénom(s) :
- Conçu avec :
- Qui a trouvé ce(s) prénom(s) ?
- Pourquoi ce prénom ?
- Quels autres prénoms a-t-il (elle) failli porter ?
- Date, heure et lieu de naissance ?
- Lieu de conception probable ?
- Quel souvenir marquant gardez-vous de sa naissance ?
- Par quel petit nom l'appelez-vous depuis qu'il (elle) est petit(e) ?
- Signes particuliers ?
- À qui ressemble-t-il ?

- Quel mot vous vient à l'esprit quand vous pensez à lui (elle) ?
- Ses mots d'enfants mémorables ?
- Votre meilleur souvenir avec lui (elle) ?
- Votre pire souvenir avec lui (elle) ?
- Son histoire préférée quand il (elle) était petit(e) ?
- Son doudou ?
- Son jouet préféré ?
- En quoi était-il (elle) doué(e) enfant ?
- Quel a été son premier mot ?
- Qui était son (sa) meilleur(e) ami(e) d'enfance ?
- Qui était son idole quand il (elle) était petit(e) ?
- Qui était son héros préféré ?
- Le plus beau cadeau qu'il (elle) vous a fait ?

- Le cadeau le plus moche qu'il (elle) vous a fait ?
- Que voulait-il (elle) faire comme métier étant petit(e) ?
- Qu'auriez-vous aimé qu'il (elle) fasse comme métier en étant adulte ?
- Dans quelles écoles est-il (elle) allé(e) ?
- Quel(s) sport(s) pratique-t-il (elle) ?
- Qu'auriez-vous aimé qu'il (elle) apprenne ?
- Qu'a-t-il (elle) fait de pire à l'adolescence ?
- Ses plus grandes qualités ?
- Ses plus grands défauts ?

- Que retrouvez-vous de vous en lui (elle) ? . . . . . .

. . . .

- Qu'est-ce qui vous a rendu le plus fier(e) de lui (elle) ? . . .

. . . .

- Liste des moments où vous avez été incroyablement fier(e) de lui (elle) : . . . .

. . . .

. . . .

. . . .

- En quoi vous ressemble-t-il (elle) ? . . . .

. . . .

- En quoi est-il (elle) différent(e) de vous ? . . . . . .

. . . .

- Sur quels sujets avez-vous du mal à vous entendre ? . . . .

. . . .

- Qu'est-ce qui vous énerve toujours un peu chez lui (elle) ? . .

. . . .

- En quoi est-il (elle) doué(e) ? . . . .

. . . .

- En quoi n'est-il (elle) pas très doué(e) ? . . . .

. . . .

- Petit(e), en quoi était-il (elle) plutôt en avance ? . . . . .

. . . .

3 trucs qu'il (elle) aime :

- -

- -

- -

3 trucs qu'il (elle) n'aime pas :

- -

- -

- -

. . . .

- Qu'êtes-vous fier(e) de lui avoir appris ?

- Qu'aimeriez-vous encore lui apprendre ?

- Quels sujets vaut-il mieux éviter d'aborder ?

- Qu'est-ce que vous aimeriez-lui dire un jour ?

- Qu'aimeriez-vous qu'il (elle) vous dise un jour ?

- Quelle est la question que vous aimeriez lui poser ?

- Liste de ce que vous aimeriez lui dire à propos de la vie

- Qu'aimeriez-vous qu'il (elle) sache à propos de vous ?

- Avec lesquels de ses choix n'avez-vous pas été d'accord ?

- Qu'est-ce qui vous inquiète toujours à son sujet ?

- Quel regret avez-vous sur son éducation ?

- Qu'avez-vous toujours aimé faire avec lui (elle) ?

- Liste des endroits où vous êtes allés en vacances ensemble.

- Quel est son métier aujourd'hui ?

- Comment s'appelait son premier amour ?

- L'aimiez-vous ?

- Quel(le) est son ex que vous préfériez ?

- Liste de ses différents amours depuis l'enfance

- Avec qui sort-il (elle) actuellement ?

- Date de naissance ?

- Date de leur rencontre ?

- Nom de ses parents ?

Trois éléments que vous aimez chez lui (elle)	Trois éléments que vous n'aimez pas chez lui (elle)

- Liste des cadeaux que vous lui avez faits

- Liste des cadeaux qu'il (elle) vous a faits

A-t-il (elle) des enfants ?

- [ ] Oui
- [ ] Non

- Quels sont leurs noms, prénoms et dates de naissance ?

Quelles notes sur 5 mettriez-vous à votre enfant dans les domaines suivants

Enfance :
Adolescence :
Âge adulte :
Études :
Travail :
Gentillesse :
Humour :
Intelligence :
Serviabilité :
Fréquence des appels :
Fierté :
Sport :
Fainéantise :
Langage :
Valeurs morales :

- Autres choses bonnes à savoir sur votre enfant :

MON ENFANT N°5

PHOTO

- Prénom(s) :
- Conçu avec :
- Qui a trouvé ce(s) prénom(s) ?
- Pourquoi ce prénom ?
- Quels autres prénoms a-t-il (elle) failli porter ?
- Date, heure et lieu de naissance ?
- Lieu de conception probable ?
- Quel souvenir marquant gardez-vous de sa naissance ?
- Par quel petit nom l'appelez-vous depuis qu'il (elle) est petit(e) ?
- Signes particuliers ?
- À qui ressemble-t-il ?

- Quel mot vous vient à l'esprit quand vous pensez à lui (elle) ?
- Ses mots d'enfants mémorables ?
- Votre meilleur souvenir avec lui (elle) ?
- Votre pire souvenir avec lui (elle) ?
- Son histoire préférée quand il (elle) était petit(e) ?
- Son doudou ?
- Son jouet préféré ?
- En quoi était-il (elle) doué(e) enfant ?
- Quel a été son premier mot ?
- Qui était son (sa) meilleur(e) ami(e) d'enfance ?
- Qui était son idole quand il (elle) était petit(e) ?
- Qui était son héros préféré ?
- Le plus beau cadeau qu'il (elle) vous a fait ?

- Le cadeau le plus moche qu'il (elle) vous a fait ?
- Que voulait-il (elle) faire comme métier étant petit(e) ?
- Qu'auriez-vous aimé qu'il (elle) fasse comme métier en étant adulte ?
- Dans quelles écoles est-il (elle) allé(e) ?
- Quel(s) sport(s) pratique-t-il (elle) ?
- Qu'auriez-vous aimé qu'il (elle) apprenne ?
- Qu'a-t-il (elle) fait de pire à l'adolescence ?
- Ses plus grandes qualités ?
- Ses plus grands défauts ?

- Que retrouvez-vous de vous en lui (elle) ?
- Qu'est-ce qui vous a rendu le plus fier(e) de lui (elle) ?
- Liste des moments où vous avez été incroyablement fier(e) de lui (elle) :
- En quoi vous ressemble-t-il (elle) ?
- En quoi est-il (elle) différent(e) de vous ?
- Sur quels sujets avez-vous du mal à vous entendre ?
- Qu'est-ce qui vous énerve toujours un peu chez lui (elle) ?
- En quoi est-il (elle) doué(e) ?
- En quoi n'est-il (elle) pas très doué(e) ?
- Petit(e), en quoi était-il (elle) plutôt en avance ?

3 trucs qu'il (elle) aime :

3 trucs qu'il (elle) n'aime pas :

- Qu'êtes-vous fier(e) de lui avoir appris ?

- Qu'aimeriez-vous encore lui apprendre ?

- Quels sujets vaut-il mieux éviter d'aborder ?

- Qu'est-ce que vous aimeriez-lui dire un jour ?

- Qu'aimeriez-vous qu'il (elle) vous dise un jour ?

- Quelle est la question que vous aimeriez lui poser ?

- Liste de ce que vous aimeriez lui dire à propos de la vie

- Qu'aimeriez-vous qu'il (elle) sache à propos de vous ?

- Avec lesquels de ses choix n'avez-vous pas été d'accord ?

- Qu'est-ce qui vous inquiète toujours à son sujet ?

- Quel regret avez-vous sur son éducation ?

- Qu'avez-vous toujours aimé faire avec lui (elle) ?

- Liste des endroits où vous êtes allés en vacances ensemble.

- Quel est son métier aujourd'hui ?

- Comment s'appelait son premier amour ?

- L'aimiez-vous ?

- Quel(le) est son ex que vous préfériez ?
- Liste de ses différents amours depuis l'enfance
- Avec qui sort-il (elle) actuellement ?
- Date de naissance ?
- Date de leur rencontre ?
- Nom de ses parents ?

Trois éléments que vous aimez chez lui (elle)	Trois éléments que vous n'aimez pas chez lui (elle)

- Liste des cadeaux que vous lui avez faits

- Liste des cadeaux qu'il (elle) vous a faits

A-t-il (elle) des enfants ?

- [ ] Oui
- [ ] Non

- Quels sont leurs noms, prénoms et dates de naissance ?

Quelles notes sur 5 mettriez-vous à votre enfant dans les domaines suivants

Enfance :

Adolescence :

Âge adulte :

Études :

Travail :

Gentillesse :

Humour :

Intelligence :

Serviabilité :

Fréquence des appels :

Fierté :

Sport :

Fainéantise :

Langage :

Valeurs morales :

- Autres choses bonnes à savoir sur votre enfant :

MES ENFANTS ET MOI

- Avoir des enfants vous a-t-il rendu heureux(se) ?
- Auriez-vous aimé avoir d'autres enfants ?
- Finalement, vous préférez les garçons ou les filles ?
- Qu'est-ce qui est, ou a été, génial dans le fait d'avoir des enfants ?
- Qu'est-ce qui est ou a été le plus dur dans le fait d'avoir des enfants ?
- Qu'est-ce qui était important pour vous en étant parent ?
- Qu'est-ce qui a changé chez vous en devenant parent ?

Pensez-vous être un bon père ou une bonne mère ?

- [ ] Oui
- [ ] Non

- Qu'avez-vous réussi dans l'éducation de vos enfants ?

- Qu'avez-vous raté dans l'éducation de vos enfants ?

- Si vous aviez su avant, qu'auriez-vous fait de différent ?

- Quel conseil auriez-vous aimé qu'on vous donne avant ?

- Quels sont les 5 conseils que vous aimeriez donner à vos enfants dans la vie ?

- Qu'avez-vous appris en devenant parent ?

- Quels regrets avez-vous ?

En tant que père ou mère, quels sont ou étaient vos domaines réservés ?

- [ ] Les histoires du soir
- [ ] Le bain
- [ ] La cuisine
- [ ] Les câlins
- [ ] Les devoirs
- [ ] Les punitions
- [ ] Les sorties culturelles
- [ ] Les activités extrascolaires
- [ ] Les réunions parents-profs
- [ ] La grosse voix
- [ ] La sortie de l'école
- [ ] Le changement de couche

- Sur quoi aimeriez-vous demander pardon à vos enfants ?

- Qu'êtes-vous fier(e) d'avoir transmis à vos enfants ?

- Qu'est-ce que vous aimeriez que vos enfants vous disent ?

- Quel a été le moment le plus heureux de votre vie avec vos enfants ?

- Quel a été le moment le plus dur de votre vie avec vos enfants ?

- En quoi êtes-vous un père ou une mère formidable ?

- En quoi êtes-vous un père ou une mère indigne ?

- Qu'est-ce qui est le plus sympa quand on est père ou mère ?

- Qu'est-ce qui est le moins sympa quand on est père ou mère ?

Avez-vous déjà regretté d'avoir des enfants ?

- Oui
- Non

- Si oui, à quelle occasion était-ce ?

- Quand vous êtes-vous précisément senti devenir un père ou une mère ?

- Quelle est l'histoire que vous aimiez raconter à vos enfants le soir ?

- Quel jouet vous ayant appartenu avez-vous ou aimeriez-vous donner à vos enfants ?

Pour vous, le pire, ce serait quoi ?

- Votre fille remporte Secret Story 8.
- Votre fils fume du haschich.
- Votre fille devient une star du porno.
- Votre fils devient policier.
- Votre fille rate le bac.
- Votre fils vous annonce qu'il est gay.
- Votre fille se fait un piercing au nombril.
- Votre fils se fait un tatouage Hello Kitty sur le bras.
- Votre fille fait l'amour pour la 1re fois à 13 ans.
- Votre fils fait l'amour pour la 1re fois à 29 ans.
- Votre fille épouse un musulman.
- Votre fils épouse une noire.
- Votre fille aime Justin Bieber.
- Votre fils aime Lady Gaga.
- Votre fille veut faire du foot.
- Votre fils veut faire de la danse.
- Votre fille porte un string.
- Votre fils porte un string.
- Votre fille trouve Robert Pattinson trop mignon.
- Votre fils trouve Marine Le Pen trop sexe.
- Votre fille fume à 12 ans.
- Votre fils boit à 12 ans.

- Qu'aimeriez-vous que vos enfants héritent de vous ?

- Que n'aimeriez-vous pas que vos enfants héritent de vous ?

- Qu'aimeriez que vos enfants réussissent mieux que vous ?

- Qu'aimeriez-vous que vos enfants ratent ?

- Quel métier n'aimeriez-vous pas que vos enfants exercent un jour ?

- Qu'aimez-vous faire avec vos enfants ?

Comment réagiriez-vous si un de vos enfants vous annonçait qu'il était homosexuel ?

- [ ] Très bien, en fait, ça ne regarde que lui.
- [ ] Plutôt bien, après tout, on est ce qu'on est.
- [ ] Bien, mais je serais quand même déçu(e) rapport aux petits enfants.
- [ ] Moyen, ce n'est quand même pas facile à gérer.
- [ ] Mal, même si je sais qu'il ne faut pas.
- [ ] Plutôt mal, je n'aime pas cette idée du tout.
- [ ] Très mal, pas de ça chez moi !

- À qui pourriez-vous confier(e) vos enfants sans aucune hésitation si besoin était ?

- Qu'est-ce que vous avez fait dans votre jeunesse que vous avez interdit de faire à vos enfants ?

Qu'est-ce que vous aimez le plus chez les enfants ?

- C'est rigolo.
- Ça fait des bisous.
- Ça rigole tout le temps.
- Ça dit des bêtises.
- Ça a besoin de vous.
- Ça sent bon.
- Ça permet de jouer à la poupée.
- Ça vous ressemble.
- Ça fait oublier le reste.

Autre chose, précisez :

- De quoi avez-vous le plus peur pour vos enfants ?
- Qu'aimez-vous faire avec vos enfants ?

Qu'est-ce que vous supportez le moins chez un enfant ?

- Ça crie.
- Ça ne sait pas s'occuper tout seul.
- Ça écoute de la mauvaise musique.
- Ça fait caca.
- Ça embête tout le monde dans les avions.
- C'est tout le temps malade.
- Ça casse tout.
- Ça coûte cher.
- Ça se salit tout le temps.
- Ça offre des colliers de nouilles et des dessins pourris.

Autre chose, précisez :

Qu'est-ce qui vous donnerait envie d'avoir d'autres enfants ?

- C'est trop mignon.
- Ça donne un sens à l'existence.
- Je n'aime pas avoir une vie trop simple.
- J'ai envie de servir à quelque chose.
- Il faut bien quelqu'un pour payer les retraites.
- J'ai envie d'un mini-moi.
- J'ai juste envie, c'est tout.
- Une demi-part fiscale supplémentaire.
- J'ai envie de m'acheter un circuit électrique.
- C'est dommage les enfants uniques.
- J'aime bien avoir (que ma femme ait) des gros seins.
- C'est trop calme chez moi.

Autre chose, précisez :..

Liste de vos meilleurs souvenirs avec vos enfants

....

....

....

....

....

Liste de vos pires souvenirs avec vos enfants

....

....

....

....

....

Et qu'est-ce qui ne vous donne pas envie d'avoir d'autres enfants ?

- ☐ Le réchauffement climatique.
- ☐ Le monde dans lequel nous vivons.
- ☐ L'odeur de vomis sur les vêtements.
- ☐ J'ai passé l'âge.
- ☐ Je n'ai pas le courage de me lancer dans les biberons.
- ☐ Ça coûte trop cher.
- ☐ Je n'ai pas la place.
- ☐ Je n'ai pas la bonne personne pour en faire.
- ☐ Je n'ai pas encore l'âge.
- ☐ Je déteste les enfants, je vous l'ai dit.
- ☐ Je me drogue.
- ☐ J'aime bien quand ma maison est bien rangée.

Autre chose, précisez : ____

PHOTO

MAMAN

- Quel est le nom complet de votre mère ?
- Quel est son nom de jeune fille ?
- Quelle est sa date de naissance ? Où est-elle née ?
- Que fait ou faisait-elle dans la vie ?
- Où habite-t-elle ?
- Téléphone ? Mail ?
- Quelles sont les origines de votre mère ?
- Comment s'appelait le père de votre mère ?
- Quelle était sa profession ?
- Comment s'appelait la mère de votre mère ?
- Quelle était sa profession ?
- A-t-elle des frères et sœurs ? Comment s'appellent-ils ?

- A-t-elle d'autres enfants ? Comment s'appellent-ils ?

Votre mère est-elle ou a-t-elle été mariée avec un autre homme que votre père ?

- [ ] Oui
- [ ] Non

- Si oui, comment s'appelle(nt)-il(s) ?

- En quoi votre mère est (était) la meilleure maman du monde ?

Est-elle ou était-elle la meilleure maman du monde ?

- [ ] Oui bien sûr
- [ ] Non pas vraiment mais ça va
- [ ] Non pas du tout et mon psy pourrait vous en parler

- Comment appelez-vous votre mère ?

- Qu'est-ce que vous aimez chez votre mère ?

- Qu'est-ce que vous n'aimez pas chez votre mère mais n'avez jamais réussi à lui dire ?

- Quelle image gardez-vous de votre mère quand vous étiez petit(e) ?

- En quoi ressemblez-vous à votre mère ?

- En quoi êtes-vous très différent(e) de votre mère ?

- Qu'avez-vous hérité de votre mère ?

Avez-vous (aviez-vous) de bonnes relations avec votre mère ?

- ☐ Oui
- ☐ Non
- ☐ Ce n'est pas si simple comme réponse !

Quels sujets préférez-vous éviter d'aborder avec votre mère ?

- ☐ Politique
- ☐ Immigration
- ☐ Mariage
- ☐ Éducation des enfants
- ☐ Travail
- ☐ Argent
- ☐ Amours
- ☐ Nourriture
- ☐ Santé
- ☐ Religion

- Quel est le conseil le plus important que votre mère vous ait donné ?

- Quelle est l'expression de votre mère que vous utilisez régulièrement ?

- Qu'est-ce que vous n'avez jamais osé dire à votre mère ?

Quelles sont les qualités de votre mère ?

Quels sont les défauts de votre mère ?
Attention, vous savez très bien qu'elle peut lire ce livre un jour, alors faites attention !

- À quoi ça sert une maman ?

Avez-vous déjà dit « je t'aime » à votre mère ?

- Oui
- Non

- Qu'est-ce que vous avez toujours admiré chez votre mère ?

- À quelle occasion avez-vous déjà déçu votre mère ?

Avez-vous déjà fait pleurer votre mère ?

- Oui
- Non

Le regrettez-vous ?

- Oui
- Non

- À quelle occasion ?

Quand elle vous voit, votre mère vous fait généralement remarquer que...

- Vous avez l'air fatigué(e).
- Vous avez encore maigri.
- Vous avez encore grossi.
- Vous ne venez pas très souvent la voir.
- Il serait peut-être temps de vous marier.
- Vous n'appelez jamais.
- Vous devriez moins travailler.
- Vous avez une drôle de manière de vous habiller.
- Vous devriez aller chez le coiffeur.
- Le (la) fils (fille) des voisins a un super travail, lui (elle).
- Vous avez une tâche là.
- Vous lui manquez.

- Avec qui votre mère aurait bien aimé que vous vous mariiez ?

- Parmi vos ex, qui était le (la) préféré(e) de votre mère ?

- Parmi vos ex, qui était le (la) moins aimé(e) par votre mère ?

- Le jour où votre mère partira, quel objet lui appartenant aimeriez-vous récupérer pour vous souvenir d'elle ?

- Quel est le plat que votre mère prépare que vous préférez ?

Votre mère aime-t-elle votre compagne / compagnon / épouse / époux actuel ?

- [ ] Oui, beaucoup même
- [ ] Oui, je pense
- [ ] Globalement, ça va
- [ ] Je ne sais pas
- [ ] Ça m'étonnerait
- [ ] Pas du tout, mais ce n'est pas grave

- Quel est le plat que votre mère prépare que vous n'aimez pas, sans avoir pourtant osé lui dire ?

Quel sont les 10 derniers cadeaux que vous avez faits à votre mère ?

- Quel est le dessert que votre mère réussit parfaitement ?

- Qu'est-ce que votre compagne / épouse fait mieux que votre mère, même si vous n'avez jamais osé lui dire ?

- Est-ce que votre mère vous considère encore comme un(e) petit(e) garçon (fille) ?

- Qu'avez-vous toujours caché à votre mère ?

- Qu'est-ce que votre mère ne peut pas s'empêcher de critiquer quand elle vient chez vous ?

- Quelle est l'anecdote sur votre enfance que votre mère ne peut pas s'empêcher de raconter à chaque repas de famille ?

- Quand avez-vous rendu votre mère fière de vous ?

- Quand avez-vous rendu votre mère pas du tout fière de vous ?

- Comment vous appelait votre mère quand vous étiez petit(e) ?

Quelle est la fréquence d'appels téléphoniques avec votre mère ?

- ☐ Plusieurs fois par jour
- ☐ Une fois par jour
- ☐ Tous les deux jours
- ☐ Une fois par semaine
- ☐ Tous les dix jours en moyenne
- ☐ Une fois par mois
- ☐ Une fois par an à Noël
- ☐ Jamais

- Qu'est-ce qui vous énerve un peu chez votre mère ?

- Qu'est-ce que votre mère vous a appris à faire ?

- Qu'est-ce que votre mère dit souvent ?

- Qu'est-ce que votre mère aime ?

- Qu'est-ce que votre mère n'aime pas ?

- Quel est le plus beau cadeau que vous pourriez lui faire ?

- Quelles questions aimeriez-vous poser à votre mère ?

- Liste de vos moments préférés avec votre mère

- Liste des sujets sur lesquels vous aimeriez lui demander pardon

- Liste de tout ce qu'elle vous a appris

- Autres choses à savoir sur votre mère

PHOTO

PAPA

- Quel est le nom complet de votre père ?
- Quelle est sa date de naissance ?
- Où votre père est-il né ?
- Quelle est ou était sa profession ?
- Quelles sont les origines de votre père ?
- Comment s'appelait le père de votre père ?
- Quelle était sa profession ?
- Comment s'appelait la mère de votre père ?
- Quelle était sa profession ?
- A-t-il des frères et sœurs ? Comment s'appellent-ils ?
- A-t-il d'autres enfants ? Comment s'appellent-ils ?

Votre père est-il ou a-t-il été marié avec une autre femme que votre mère ?

- [ ] Oui
- [ ] Non

- Si oui, comment s'appelle(nt)-elles ?

- Quel genre de père était-ce ?

- Qu'est-ce que vous aimez chez votre père ?

- Qu'est-ce que vous n'aimez pas chez votre père ?

Est-il ou était-il le meilleur papa du monde ?

- [ ] Oui bien sûr
- [ ] Non pas vraiment
- [ ] Non pas du tout, mais ça va

- Quand aviez-vous peur de votre père ?

- Quelle image gardez-vous de votre père quand vous étiez petit(e) ?

- En quoi ressemblez-vous à votre père ?

- En quoi êtes-vous très différent(e) de votre père ?

- Qu'avez-vous hérité de votre père ?

- Quel est le conseil le plus important que votre père vous ait donné ?

- Quelle est l'expression de votre père que vous utilisez régulièrement ?

- Qu'est-ce que vous n'avez jamais osé dire à votre père ?

- Qu'est-ce que votre père vous a appris à faire ?

Avez-vous (aviez-vous) de bonnes relations avec votre père ?

- [ ] Oui
- [ ] Non
- [ ] On ne se parle pas, ça compte ?

Quels sujets préférez-vous éviter d'aborder avec votre père ?

- [ ] Politique
- [ ] Immigration
- [ ] Football
- [ ] Éducation des enfants
- [ ] Travail
- [ ] Argent
- [ ] Amours
- [ ] Sarkozy
- [ ] Santé
- [ ] Religion

Quelles sont les qualités de votre père ?

Quels sont les défauts de votre père ?

- À quoi ça sert un papa ?

- En quoi votre père est (était)-il le meilleur papa du monde ?

Avez-vous déjà dit « je t'aime » à votre père ?

- [ ] Oui
- [ ] Non

Votre père vous a-t-il déjà dit « je t'aime » ?

- [ ] Oui
- [ ] Non

Avez-vous déjà fait pleurer votre père ?

- [ ] Oui
- [ ] Non

Avez-vous déjà reçu une gifle ou une fessée de la part de votre père ?

- [ ] Oui
- [ ] Non

Lui avez-vous pardonné ?

- [ ] Oui
- [ ] Non

- Qu'est-ce que vous avez toujours admiré chez votre père ?

- Parmi vos ex, qui était le (la) préféré(e) de votre père ?

- Parmi vos ex, qui était le (la) moins aimé(e) par votre père ?

Quel sont les 10 derniers cadeaux que vous avez faits à votre père ?

- Le jour où votre père partira, quel objet lui appartenant aimeriez-vous récupérer pour vous rappeler de lui ?

- Est-ce que votre père vous considère encore comme un(e) petit(e) garçon. (fille) ?

- Qu'est-ce que votre père continue à vouloir vous empêcher de faire en vous disant « laisse, je vais le faire moi » ?

- Qu'est-ce que votre père n'a jamais osé vous dire ?

Votre père aime-t-elle votre compagne / compagnon / épouse / époux actuel ?

- [ ] Oui, beaucoup même.
- [ ] Oui, je pense.
- [ ] Globalement, ça va.
- [ ] Je ne sais pas.
- [ ] Ça m'étonnerait.
- [ ] Pas du tout, mais ce n'est pas grave.

- Qu'avez-vous toujours caché à votre père ?

- Quand avez-vous rendu votre père fier(e) de vous ?

- Quand avez-vous rendu votre père pas du tout fier(e) de vous ?

- Comment votre père vous appelait-il quand vous étiez petit(e) ?

- Qu'est-ce que votre père dit souvent ?

- Qu'est-ce que votre père aime ?

- Qu'est-ce que votre père n'aime pas ?

- Quel est le plus beau cadeau que vous pourriez lui faire ?

- Quelles questions aimeriez-vous poser à votre père ?

Liste de vos moments préférés avec votre père

Liste des sujets sur lesquels vous aimeriez lui demander pardon

Liste de tout ce qu'il vous a appris

- Autres choses à savoir sur votre père

MES PARENTS ET MOI

- Comment vos parents se sont-ils rencontrés ?
- Quand se sont-ils mariés, si toutefois ils se sont mariés ?
- Comment votre mère appelle (appelait)-elle votre père ?
- Comment votre père appelle (appelait)-il votre mère ?
- Quand vos parents pensent à vous enfant, quel est leur meilleur souvenir ? (si vous ne savez pas, demandez leur, ils adoreront vous répondre)

Quand vous étiez petit(e), vos parents...

- ☐ Ne passaient pas assez de temps avec vous
- ☐ Passaient trop de temps avec vous
- ☐ Passaient suffisamment de temps avec vous

- Et quel est leur pire souvenir ?
- Quelle était leur punition préférée ?

Pensez-vous que vos parents vous ont bien élevé(e) ?	Vos parents vous ont-ils surprotégé(e) ?	Vos parents vous ont-ils beaucoup puni(e) ?
☐ Oui	☐ Oui	☐ Oui
☐ Non	☐ Non	☐ Non

- Qu'est-ce que vos parents vous ont toujours empêché de faire ?

- Qu'est-ce qu'ont fait vos parents que vous ne leur avez jamais pardonné ?

Pensez-vous pouvoir leur pardonner un jour ?

- [ ] Oui
- [ ] Non

Vos parents se sont-ils déjà moqués de vous ?

- [ ] Oui
- [ ] Non

- Si oui, à quelle occasion était-ce ?

- Quel plat dégoûtant vos parents s'entêtaient-ils à vouloir vous faire manger ?

- Où partiez-vous en vacances avec vos parents quand vous étiez plus jeune ?

- Quel est le métier que vos parents auraient aimé que vous fassiez ?

- Quand avez-vous rendu vos parents particulièrement fiers de vous selon vous ?

- Quand avez-vous particulièrement déçu vos parents ?

- Qu'avez-vous hérité de votre mère ?

- Qu'avez-vous hérité de votre père ?

- De qui vous sentez-vous le plus proche ?

- Pensez-vous avoir réussi à « couper le cordon ombilical » avec vos parents ?

- Que cachez-vous à vos parents depuis des années afin de ne pas les décevoir ?

- Qu'est-ce que vous n'avez jamais osé demander à vos parents ?

- Qu'est-ce que vous aimeriez (ou auriez aimé) que vos parents vous disent un jour ?

- Avez-vous souvent été en conflit avec vos parents ?

- Quelle était la source de ces conflits généralement ?

- Quand vous êtes-vous disputé(e) avec vos parents pour la dernière fois ?

Avez-vous déjà entendu ou vu vos parents faire l'amour ?

- ☐ Oui
- ☐ Non

Et si oui, qu'en avez-vous pensé ?

- ☐ C'était sympa
- ☐ C'était excitant
- ☐ C'était bizarre
- ☐ C'était traumatisant
- ☐ Yeeuuuuurk !!!!
- ☐ Non mais ça va pas, non ?

- Sur quel sujet vous êtes-vous le plus disputé avec vos parents ?

- Qu'est-ce qui vous énervait chez vos parents quand vous étiez adolescent(e) ?

Jeune, qu'est-ce que vos parents auraient le moins apprécié ?

- Un tatouage
- Un piercing
- Une boucle d'oreille
- Des mauvaises notes
- Un coming-out
- Un coma éthylique
- Une boulette de shit dans la poche
- Une arrestation dans un magasin
- Des cigarettes
- Des gros mots
- Un(e) fiancé(e) noir(e)
- Des cours séchés

Vos parents auraient (ont)-ils bien réagi s'ils avaient (quand ils ont) appris que vous étiez homosexuel(le) ?

- Oui
- Non

- Qu'est-ce que vous n'avez jamais osé avouer à vos parents ?

- Quels sont les 10 plus beaux cadeaux que vos parents vous ont faits ?

Qu'est-ce que vous n'osez pas faire devant vos parents ?

- Fumer
- Boire de l'alcool
- Parler de sexualité
- Dire des gros mots
- Embrasser votre fiancé(e)
- Être nu(e)
- Parler politique

- Qu'est-ce que vous aimez le plus dans la maison ou l'appartement de vos parents ?

- Qu'est-ce qui est le plus moche dans la maison ou l'appartement de vos parents ?

- Qu'aimeriez-vous offrir à vos parents si vous le pouviez ?

- Qu'aimeriez-vous hériter de vos parents (sur un plan moral) ?

- Qu'aimeriez-vous hériter de vos parents (sur un plan matériel) ?

- Qu'auriez-vous aimé faire plus souvent avec vos parents ?

Est-ce que vos parents comprennent ce que vous faites comme travail ?

- [ ] Oui
- [ ] Non

- Que souhaitez-vous pour vos parents aujourd'hui ?

Physiquement, vous ressemblez plus...

- [ ] À papa
- [ ] À maman

- Plus particulièrement, qu'avez-vous hérité physiquement de votre mère ?

- Et qu'avez-vous hérité physiquement de votre père ?

- Quel est le conseil que votre maman vous donnait quand vous étiez petit(e) ?
- Quelles sont les traditions familiales auxquelles vous n'avez jamais dérogé ?
- Quels sujets ne vaut-il mieux pas aborder avec vos parents ?
- À quel âge avez-vous quitté le domicile de vos parents ?
- Pourquoi êtes-vous parti(e) ?
- En vieillissant, qu'est-ce qui vous rapproche d'eux ?

Le 1er soir où vous vous êtes retrouvé(e) seul(e)...

- [ ] Vous avez pleuré
- [ ] Vous avez fait la fête

- Qu'est-ce que vous espérez réussir à faire différemment de vos parents ?
- Qu'aimeriez-vous leur dire s'ils finissent par lire ce carnet ?

PHOTO

MES FRÈRES ET SŒURS

- Avez-vous des frères ou des sœurs ? . . . .

. . . .

- Sinon, le regrettez-vous ? . . . .

. . . .

- Si oui, combien en avez-vous . . . exactement ? . . . .

. . . .

- Auriez-vous aimé être enfant . . unique ? . . . .

Selon vous, c'est...

- ☐ Trop
- ☐ Pas assez
- ☐ Un bon nombre

Si oui, faites ici la liste de vos frères et sœurs.

Prénom	Nom	Date de naissance	Signe particulier	Comment vous appelle-t-il (elle) ?	Note sur 5

FRÈRE OU SŒUR N°1

- Prénom(s) et nom ?
- Date de naissance ?
- Jour de la fête ?
- Adresse ?
- Mail ?
- Téléphone ?
- Profession ?

Vous entendiez-vous bien quand vous étiez enfants ?

- Très bien
- Plutôt bien
- Pas très bien
- Plutôt mal
- Plutôt très mal
- Bof

Comment vous entendez-vous avec lui (elle) aujourd'hui ?

- Très bien
- Plutôt bien
- Pas très bien
- Plutôt mal
- Plutôt très mal
- Avec qui déjà ?

- Comment l'appeliez-vous quand vous étiez enfant ?
- On se tapait dessus, ça compte ?
- Quand vous êtes-vous vu(e)s pour la dernière fois ?
- En couple avec :
- Date de mariage ?

- Aimez-vous sa (son) compagne (compagnon) ?
- Éléments à connaître sur sa (son) compagne (compagnon) :

A-t-il (elle) des enfants ?

- [ ] Oui
- [ ] Non

- Si oui, faites ici la liste de vos neveux et nièces.
- Signe particulier
- Comment vous appelle-t-il (elle) ?
- Note sur 5
- Qu'aimiez-vous faire avec lui (elle) quand vous étiez jeunes ?
- Qu'aimez-vous faire avec lui (elle) aujourd'hui ?
- En quoi êtes-vous fier(e) de lui (elle) ?
- Quel est le meilleur souvenir que vous ayez avec votre frère (sœur) ?

- Quel est le pire souvenir que vous ayez avec votre frère (sœur) ?

- Qu'est-ce que vous avez eu du mal à pardonner à votre frère (sœur) ?

- Quel est le secret sur votre frère (sœur) que vous n'avez jamais révélé à vos parents ?

- De quel jouet de votre frère (sœur) étiez-vous jaloux(se) étant petit(e) ?

- Qu'est-ce que votre frère (sœur) vous a appris ou fait découvrir quand vous étiez petit(e) ?

- Qu'est-ce que vous avez appris ou fait découvrir à votre frère (sœur) quand vous étiez petit(e) ?

- Qu'est-ce que votre frère (sœur) aime bien raconter comme histoire sur votre enfance pour vous faire râler ?

- Quel sale coup ne lui avez-vous toujours pas pardonné ?

- Qu'aimeriez-vous lui voler ou lui emprunter ?

- Qu'est-ce qu'il (elle) a de plus insupportable ?

- Qu'est-ce qu'il (elle) a de plus attachant ?

- Quelle est sa plus grande qualité ?

- Quel est son plus grand défaut ?

- Que fait-il (elle) mieux que vous ?

- Que faites-vous mieux que lui (elle) ?

- Pour quoi aimeriez-vous le (la) remercier ?

- Quelle chanson vous fait penser à lui (elle) ?

- Quand a-t-il (elle) été là pour vous ?

- Quand n'a-t-il (elle) pas été là pour vous ?

- Quels sujets ne vaut-il mieux pas aborder ?

- En quoi vous ressemblez-vous ?

- En quoi êtes-vous très différents ?

- Liste des plus belles bêtises que vous avez faites ensemble

Lui confieriez-vous vos enfants ?

- [ ] Oui
- [ ] Non

Lui prêteriez-vous de l'argent ?

- [ ] Oui
- [ ] Non

- Qu'est-ce que vous n'avez jamais osé lui dire ?
- Qu'est-ce que vous aimeriez lui voler ?
- Qu'est-ce qui vous énerve un peu chez lui (elle) ?

Éléments à se rappeler :

- Son parfum préféré ?
- Son idole absolue ?
- Son livre préféré ?
- Son film préféré ?
- Sa chanson préférée ?
- Ses opinions politiques ?
- Les sujets à ne pas aborder avec lui (elle) ?
- Le cadeau idéal à lui faire ?
- Ce qu'il (elle) aime manger ?
- Ce qu'il (elle) n'aime pas manger ?

- Les derniers cadeaux de Noël que vous lui avez faits ?

- Les derniers cadeaux de Noël qu'il (elle) vous a faits ?

Finalement, comment résumeriez-vous votre frère (sœur) ?
(Attribuez à chaque catégorie de 1 à 5 étoiles)

Physique :

Culture :

Humour :

Générosité :

Gentillesse :

Capacité à faire la fête :

Serviabilité :

Rancunier(e) :

- Note globale :

- Autres éléments à connaître sur votre frère (sœur) ?

FRÈRE OU SŒUR N°2

- Prénom(s) et nom ?
- Date de naissance ?
- Jour de la fête ?
- Adresse ?
- Mail ?
- Téléphone ?
- Profession ?

Vous entendiez-vous bien quand vous étiez enfants ?

- Très bien
- Plutôt bien
- Pas très bien
- Plutôt mal
- Plutôt très mal
- Bof

Comment vous entendez-vous avec lui (elle) aujourd'hui ?

- Très bien
- Plutôt bien
- Pas très bien
- Plutôt mal
- Plutôt très mal
- Avec qui déjà ?

- Comment l'appeliez-vous quand vous étiez enfant ?
- On se tapait dessus, ça compte ?
- Quand vous êtes-vous vu(e)s pour la dernière fois ?
- En couple avec :
- Date de mariage ?

- Aimez-vous sa (son) compagne (compagnon) ?

- Éléments à connaître sur sa (son) compagne (compagnon) :

A-t-il (elle) des enfants ?

- [ ] Oui
- [ ] Non

- Si oui, faites ici la liste de vos neveux et nièces.

- Signe particulier

- Comment vous appelle-t-il (elle) ?

- Note sur 5

- Qu'aimiez-vous faire avec lui (elle) quand vous étiez jeunes ?

- Qu'aimez-vous faire avec lui (elle) aujourd'hui ?

- En quoi êtes-vous fier(e) de lui (elle) ?

- Quel est le meilleur souvenir que vous ayez avec votre frère (sœur) ?

- Quel est le pire souvenir que vous ayez avec votre frère (sœur) ?

- Qu'est-ce que vous avez eu du mal à pardonner à votre frère (sœur) ?

- Quel est le secret sur votre frère (sœur) que vous n'avez jamais révélé à vos parents ?

- De quel jouet de votre frère (sœur) étiez-vous jaloux(se) étant petit(e) ?

- Qu'est-ce que votre frère (sœur) vous a appris ou fait découvrir quand vous étiez petit(e) ?

- Qu'est-ce que vous avez appris ou fait découvrir à votre frère (sœur) quand vous étiez petit(e) ?

- Qu'est-ce que votre frère (sœur) aime bien raconter comme histoire sur votre enfance pour vous faire râler ?

- Quel sale coup ne lui avez-vous toujours pas pardonné ?

- Qu'aimeriez-vous lui voler ou lui emprunter ?

- Qu'est-ce qu'il (elle) a de plus insupportable ?

- Qu'est-ce qu'il (elle) a de plus attachant ?

- Quelle est sa plus grande qualité ?
- Quel est son plus grand défaut ?
- Que fait-il (elle) mieux que vous ?
- Que faites-vous mieux que lui (elle) ?
- Pour quoi aimeriez-vous le (la) remercier ?
- Quelle chanson vous fait penser à lui (elle) ?
- Quand a-t-il (elle) été là pour vous ?
- Quand n'a-t-il (elle) pas été là pour vous ?
- Quels sujets ne vaut-il mieux pas aborder ?
- En quoi vous ressemblez-vous ?
- En quoi êtes-vous très differents ?
- Liste des plus belles bêtises que vous avez faites ensemble

Lui confieriez-vous vos enfants ?

- [ ] Oui
- [ ] Non

Lui prêteriez-vous de l'argent ?

- [ ] Oui
- [ ] Non

- Qu'est-ce que vous n'avez jamais osé lui dire ?
- Qu'est-ce que vous aimeriez lui voler ?
- Qu'est-ce qui vous énerve un peu chez lui (elle) ?

Éléments à se rappeler :

- Son parfum préféré ?
- Son idole absolue ?
- Son livre préféré ?
- Son film préféré ?
- Sa chanson préférée ?
- Ses opinions politiques ?
- Les sujets à ne pas aborder avec lui (elle) ?
- Le cadeau idéal à lui faire ?
- Ce qu'il (elle) aime manger ?
- Ce qu'il (elle) n'aime pas manger ?

- Les derniers cadeaux de Noël que vous lui avez faits ?

- Les derniers cadeaux de Noël qu'il (elle) vous a faits ?

Finalement, comment résumeriez-vous votre frère (sœur) ?
(Attribuez à chaque catégorie de 1 à 5 étoiles)

Physique : ____________________
Humour : ____________________
Gentillesse : ____________________
Serviabilité : ____________________
Culture : ____________________
Générosité : ____________________
Capacité à faire la fête : __________
Rancunier(e) : ____________________

- Note globale :

- Autres éléments à connaître sur votre frère (sœur) ?

FRÈRE OU SŒUR N°3

- Prénom(s) et nom ?
- Date de naissance ?
- Jour de la fête ?
- Adresse ?
- Mail ?
- Téléphone ?
- Profession ?

Vous entendiez-vous bien quand vous étiez enfants ?

- ☐ Très bien
- ☐ Plutôt bien
- ☐ Pas très bien
- ☐ Plutôt mal
- ☐ Plutôt très mal
- ☐ Bof

Comment vous entendez-vous avec lui (elle) aujourd'hui ?

- ☐ Très bien
- ☐ Plutôt bien
- ☐ Pas très bien
- ☐ Plutôt mal
- ☐ Plutôt très mal
- ☐ Avec qui déjà ?

- Comment l'appeliez-vous quand vous étiez enfant ?
- On se tapait dessus, ça compte ?
- Quand vous êtes-vous vu(e)s pour la dernière fois ?
- En couple avec :
- Date de mariage ?

- Aimez-vous sa (son) compagne (compagnon) ?
- Éléments à connaître sur sa (son) compagne (compagnon) :

A-t-il (elle) des enfants ?

- [ ] Oui
- [ ] Non

- Si oui, faites ici la liste de vos neveux et nièces.
- Signe particulier
- Comment vous appelle-t-il (elle) ?
- Note sur 5
- Qu'aimiez-vous faire avec lui (elle) quand vous étiez jeunes ?
- Qu'aimez-vous faire avec lui (elle) aujourd'hui ?
- En quoi êtes-vous fier(e) de lui (elle) ?
- Quel est le meilleur souvenir que vous ayez avec votre frère (sœur) ?

- Quel est le pire souvenir que vous ayez avec votre frère (sœur) ?

- Qu'est-ce que vous avez eu du mal à pardonner à votre frère (sœur) ?

- Quel est le secret sur votre frère (sœur) que vous n'avez jamais révélé à vos parents ?

- De quel jouet de votre frère (sœur) étiez-vous jaloux(se) étant petit(e) ?

- Qu'est-ce que votre frère (sœur) vous a appris ou fait découvrir quand vous étiez petit(e) ?

- Qu'est-ce que vous avez appris ou fait découvrir à votre frère (sœur) quand vous étiez petit(e) ?

- Qu'est-ce que votre frère (sœur) aime bien raconter comme histoire sur votre enfance pour vous faire râler ?

- Quel sale coup ne lui avez-vous toujours pas pardonné ?

- Qu'aimeriez-vous lui voler ou lui emprunter ?

- Qu'est-ce qu'il (elle) a de plus insupportable ?

- Qu'est-ce qu'il (elle) a de plus attachant ?

- Quelle est sa plus grande qualité ?
- Quel est son plus grand défaut ?
- Que fait-il (elle) mieux que vous ?
- Que faites-vous mieux que lui (elle) ?
- Pour quoi aimeriez-vous le (la) remercier ?

Lui confieriez-vous vos enfants ?

- Oui
- Non

Lui prêteriez-vous de l'argent ?

- Oui
- Non

- Quelle chanson vous fait penser à lui (elle) ?
- Quand a-t-il (elle) été là pour vous ?
- Quand n'a-t-il (elle) pas été là pour vous ?
- Quels sujets ne vaut-il mieux pas aborder ?
- En quoi vous ressemblez-vous ?
- En quoi êtes-vous très différents ?
- Liste des plus belles bêtises que vous avez faites ensemble

- Qu'est-ce que vous n'avez jamais osé lui dire ?
- Qu'est-ce que vous aimeriez lui voler ?
- Qu'est-ce qui vous énerve un peu chez lui (elle) ?

Éléments à se rappeler :

- Son parfum préféré ?
- Son idole absolue ?
- Son livre préféré ?
- Son film préféré ?
- Sa chanson préférée ?
- Ses opinions politiques ?
- Les sujets à ne pas aborder avec lui (elle) ?
- Le cadeau idéal à lui faire ?
- Ce qu'il (elle) aime manger ?
- Ce qu'il (elle) n'aime pas manger ?

- Les derniers cadeaux de Noël que vous lui avez faits ?

- Les derniers cadeaux de Noël qu'il (elle) vous a faits ?

Finalement, comment résumeriez-vous votre frère (sœur) ?
(Attribuez à chaque catégorie de 1 à 5 étoiles)

Physique :

Humour :

Gentillesse :

Serviabilité :

Culture :

Générosité :

Capacité à faire la fête :

Rancunier(e) :

- Note globale :

- Autres éléments à connaître sur votre frère (sœur) ?

FRÈRE OU SŒUR N°4

- Prénom(s) et nom ?
- Date de naissance ?
- Jour de la fête ?
- Adresse ?
- Mail ?
- Téléphone ?
- Profession ?

Vous entendiez-vous bien quand vous étiez enfants ?

- ☐ Très bien
- ☐ Plutôt bien
- ☐ Pas très bien
- ☐ Plutôt mal
- ☐ Plutôt très mal
- ☐ Bof

Comment vous entendez-vous avec lui (elle) aujourd'hui ?

- ☐ Très bien
- ☐ Plutôt bien
- ☐ Pas très bien
- ☐ Plutôt mal
- ☐ Plutôt très mal
- ☐ Avec qui déjà ?

- Comment l'appeliez-vous quand vous étiez enfant ?
- On se tapait dessus, ça compte ?
- Quand vous êtes-vous vu(e)s pour la dernière fois ?
- En couple avec :
- Date de mariage ?

- Aimez-vous sa (son) compagne (compagnon) ?

- Éléments à connaître sur sa (son) compagne (compagnon) :

A-t-il (elle) des enfants ?

- [ ] Oui
- [ ] Non

- Si oui, faites ici la liste de vos neveux et nièces.

- Signe particulier

- Comment vous appelle-t-il (elle) ?

- Note sur 5

- Qu'aimiez-vous faire avec lui (elle) quand vous étiez jeunes ?

- Qu'aimez-vous faire avec lui (elle) aujourd'hui ?

- En quoi êtes-vous fier(e) de lui (elle) ?

- Quel est le meilleur souvenir que vous ayez avec votre frère (sœur) ?

- Quel est le pire souvenir que vous ayez avec votre frère (sœur) ?

- Qu'est-ce que vous avez eu du mal à pardonner à votre frère (sœur) ?

- Quel est le secret sur votre frère (sœur) que vous n'avez jamais révélé à vos parents ?

- De quel jouet de votre frère (sœur) étiez-vous jaloux(se) étant petit(e) ?

- Qu'est-ce que votre frère (sœur) vous a appris ou fait découvrir quand vous étiez petit(e) ?

- Qu'est-ce que vous avez appris ou fait découvrir à votre frère (sœur) quand vous étiez petit(e) ?

- Qu'est-ce que votre frère (sœur) aime bien raconter comme histoire sur votre enfance pour vous faire râler ?

- Quel sale coup ne lui avez-vous toujours pas pardonné ?

- Qu'aimeriez-vous lui voler ou lui emprunter ?

- Qu'est-ce qu'il (elle) a de plus insupportable ?

- Qu'est-ce qu'il (elle) a de plus attachant ?

- Quelle est sa plus grande qualité ?

- Quel est son plus grand défaut ?

- Que fait-il (elle) mieux que vous ?

- Que faites-vous mieux que lui (elle) ?

- Pour quoi aimeriez-vous le (la) remercier ?

- Quelle chanson vous fait penser à lui (elle) ?

- Quand a-t-il (elle) été là pour vous ?

- Quand n'a-t-il (elle) pas été là pour vous ?

- Quels sujets ne vaut-il mieux pas aborder ?

- En quoi vous ressemblez-vous ?

- En quoi êtes-vous très différents ?

- Liste des plus belles bêtises que vous avez faites ensemble

Lui confieriez-vous vos enfants ?

- [ ] Oui
- [ ] Non

Lui prêteriez-vous de l'argent ?

- [ ] Oui
- [ ] Non

- Qu'est-ce que vous n'avez jamais osé lui dire ?
- Qu'est-ce que vous aimeriez lui voler ?
- Qu'est-ce qui vous énerve un peu chez lui (elle) ?

Éléments à se rappeler :

- Son parfum préféré ?
- Son idole absolue ?
- Son livre préféré ?
- Son film préféré ?
- Sa chanson préférée ?
- Ses opinions politiques ?
- Les sujets à ne pas aborder avec lui (elle) ?
- Le cadeau idéal à lui faire ?
- Ce qu'il (elle) aime manger ?
- Ce qu'il (elle) n'aime pas manger ?

- Les derniers cadeaux de Noël que vous lui avez faits ?

- Les derniers cadeaux de Noël qu'il (elle) vous a faits ?

Finalement, comment résumeriez-vous votre frère (sœur) ?
(Attribuez à chaque catégorie de 1 à 5 étoiles)

Physique : ____________________

Humour : ____________________

Gentillesse : ____________________

Serviabilité : ____________________

Culture : ____________________

Générosité : ____________________

Capacité à faire la fête : ____________________

Rancunier(e) : ____________________

- Note globale :

- Autres éléments à connaître sur votre frère (sœur) ?

FRÈRE OU SŒUR N°5

- Prénom(s) et nom ?
- Date de naissance ?
- Jour de la fête ?
- Adresse ?
- Mail ?
- Téléphone ?
- Profession ?

Vous entendiez-vous bien quand vous étiez enfants ?

- Très bien
- Plutôt bien
- Pas très bien
- Plutôt mal
- Plutôt très mal
- Bof

Comment vous entendez-vous avec lui (elle) aujourd'hui ?

- Très bien
- Plutôt bien
- Pas très bien
- Plutôt mal
- Plutôt très mal
- Avec qui déjà ?

- Comment l'appeliez-vous quand vous étiez enfant ?
- On se tapait dessus, ça compte ?
- Quand vous êtes-vous vu(e)s pour la dernière fois ?
- En couple avec :
- Date de mariage ?

- Aimez-vous sa (son) compagne (compagnon) ?

- Éléments à connaître sur sa (son) compagne (compagnon) :

A-t-il (elle) des enfants ?

- [ ] Oui
- [ ] Non

- Si oui, faites ici la liste de vos neveux et nièces.

- Signe particulier

- Comment vous appelle-t-il (elle) ?

- Note sur 5

- Qu'aimiez-vous faire avec lui (elle) quand vous étiez jeunes ?

- Qu'aimez-vous faire avec lui (elle) aujourd'hui ?

- En quoi êtes-vous fier(e) de lui (elle) ?

- Quel est le meilleur souvenir que vous ayez avec votre frère (sœur) ?

- Quel est le pire souvenir que vous ayez avec votre frère (sœur) ?

- Qu'est-ce que vous avez eu du mal à pardonner à votre frère (sœur) ?

- Quel est le secret sur votre frère (sœur) que vous n'avez jamais révélé à vos parents ?

- De quel jouet de votre frère (sœur) étiez-vous jaloux(se) étant petit(e) ?

- Qu'est-ce que votre frère (sœur) vous a appris ou fait découvrir quand vous étiez petit(e) ?

- Qu'est-ce que vous avez appris ou fait découvrir à votre frère (sœur) quand vous étiez petit(e) ?

- Qu'est-ce que votre frère (sœur) aime bien raconter comme histoire sur votre enfance pour vous faire râler ?

- Quel sale coup ne lui avez-vous toujours pas pardonné ?

- Qu'aimeriez-vous lui voler ou lui emprunter ?

- Qu'est-ce qu'il (elle) a de plus insupportable ?

- Qu'est-ce qu'il (elle) a de plus attachant ?

- Quelle est sa plus grande qualité ?
- Quel est son plus grand défaut ?
- Que fait-il (elle) mieux que vous ?
- Que faites-vous mieux que lui (elle) ?
- Pour quoi aimeriez-vous le (la) remercier ?

Lui confieriez-vous vos enfants ?

- [ ] Oui
- [ ] Non

Lui prêteriez-vous de l'argent ?

- [ ] Oui
- [ ] Non

- Quelle chanson vous fait penser à lui (elle) ?
- Quand a-t-il (elle) été là pour vous ?
- Quand n'a-t-il (elle) pas été là pour vous ?
- Quels sujets ne vaut-il mieux pas aborder ?
- En quoi vous ressemblez-vous ?
- En quoi êtes-vous très différents ?
- Liste des plus belles bêtises que vous avez faites ensemble

- Qu'est-ce que vous n'avez jamais osé lui dire ?
- Qu'est-ce que vous aimeriez lui voler ?
- Qu'est-ce qui vous énerve un peu chez lui (elle) ?

Éléments à se rappeler :

- Son parfum préféré ?
- Son idole absolue ?
- Son livre préféré ?
- Son film préféré ?
- Sa chanson préférée ?
- Ses opinions politiques ?
- Les sujets à ne pas aborder avec lui (elle) ?
- Le cadeau idéal à lui faire ?
- Ce qu'il (elle) aime manger ?
- Ce qu'il (elle) n'aime pas manger ?

- Les derniers cadeaux de Noël que vous lui avez faits ?

- Les derniers cadeaux de Noël qu'il (elle) vous a faits ?

Finalement, comment résumeriez-vous votre frère (sœur) ?
(Attribuez à chaque catégorie de 1 à 5 étoiles)

Physique :	Culture :
Humour :	Générosité :
Gentillesse :	Capacité à faire la fête :
Serviabilité :	Rancunier(e) :

- Note globale :

- Autres éléments à connaître sur votre frère (sœur) ?

MES FRÈRES ET SŒURS ET MOI

- Quel est le point commun entre vous et vos frères et sœurs ?
- Qui ressemble le plus à votre mère ?
- Qui ressemble le plus à votre père ?
- Qui était le (la) préféré(e) de vos parents ?
- Qui en a fait le plus baver à vos parents ?
- Qui se faisait le plus punir par vos parents ?
- Qui a le mieux réussi ?
- Qui a les enfants les plus insupportables ?
- Qui a les plus beaux enfants ?
- Qui est le (la) plus gentil(le) ?
- Qui est le (la) plus drôle ?
- Qui est le (la) plus susceptible ?
- Qui est le (la) plus drogué(e) ?
- Qui a eu le plus de partenaires ?

- Qui est le plus heureux(se) ?
- Qui est le plus énervant(e) ?
- Qui est le plus généreux(se) ?
- Qui aimez-vous voir le plus ?
- Qui vous manque le plus ?
- De qui êtes-vous le (la) plus proche ?
- En général, qui met une mauvaise ambiance au repas de Noël ?
- Avec lequel de vos frères ou sœurs ne partiriez-vous pas en vacances ?

5 raisons pour lesquelles c'était mieux d'avoir des frères et des sœurs que d'être enfant unique

PHOTO

LE RESTE DE MA FAMILLE
CEUX/CELLES QUI COMPTENT

AUTRE MEMBRE IMPORTANT DE MA FAMILLE

PHOTO

- Prénom(s) et nom ?
- Date de naissance ?
- Jour de la fête ?
- Adresse ?
- Mail ?
- Téléphone ?
- Profession ?
- En couple avec ?
- Date de mariage ?
- Enfants ?
- Êtes-vous toujours en contact ?
- Dernières dates où vous vous êtes vus ?
- Êtes-vous fâché(e)s ?

Catégorie :

- ☐ Grand-père / Grand-mère
- ☐ Oncle / Tante
- ☐ Cousin / Cousine
- ☐ Cousin / Cousine éloigné(e)
- ☐ Neveu / Nièce
- ☐ Filleul / Filleule
- ☐ Beau-frère / Belle-sœur
- ☐ Beau-père / Belle-mère
- ☐ Belle-famille

- Causes de la fâcherie ? . . . . .
. . . .
- Opinions politiques ? . . . . . .
. . . .
- Sujets à éviter lors d'un dîner . . . familial ? . . . .
. . . .
- Comment l'appelez-vous ? . . .
. . . .

Vous l'aimez :

- ☐ Un peu
- ☐ Beaucoup
- ☐ Passionnément
- ☐ Pas tellement
- ☐ Pas du tout
- ☐ Parce que c'est obligé

- Comment le (la) décririez-vous en quelques mots ? . . . .
. . . .
- Quelle est la première chose qui vous vient quand vous pensez à lui (elle) ? . . . .
. . . .

Quels sont vos 5 plus beaux souvenirs avec lui (elle) ?

....
....
....
....
....

Quels sont vos 5 pires souvenirs avec lui (elle) ?

....
....
....
....
....

. . . .

- Qu'aimez-vous chez lui (elle) ?
- Que n'aimez-vous pas chez lui (elle) ?
- Quelles sont ses principales qualités ?
- Quels sont ses principaux défauts ?
- Quels sont les vices que vous lui connaissez ?
- Pourquoi l'aimez-vous ?
- Pourquoi ne l'aimez-vous pas ?
- Que n'avez-vous jamais osé lui dire ?
- Quelle question aimeriez-vous lui poser ?
- Qu'est-ce que vous aimeriez hériter de sa part ?
- Que vous a-t-il (elle) appris ou apporté dans la vie ?
- Qu'est-ce qui vous fait plaisir chaque fois que vous le (la) voyez ?
- Qu'est-ce qui vous énerve particulièrement chez lui (elle) ?
- De quoi vaut-il mieux ne pas lui parler pour ne pas gâcher l'ambiance ?
- Quels sont ses centres d'intérêt ?

- Quel est son sujet de conversation favori ?

- À quoi est-il (elle) bon(ne) ?

- À quoi est-il (elle) mauvais(e) ?

- Quels sont les cadeaux que vous lui avez faits ?

- Quels sont les cadeaux qu'il (elle) vous a faits ?

- Quelle est son expression favorite ?

- Qu'est-ce que vous aimeriez lui emprunter ?

- Que lui avez-vous pardonné ?

- Que ne lui avez-vous jamais pardonné ?

- Je l'adore quand...

- Il (elle) m'énerve un peu quand...

- Il (elle) est idéal(e) pour...

- Il (elle) devrait plus souvent...

- J'aurais dû lui dire un jour que...

- Je ne comprends toujours pas pourquoi il (elle)...

- Je ne le (la) remercierai jamais assez pour...

Notes (sur 5) :

Amour de la famille : ____________________

Générosité : ____________________

Disponibilité : ____________________

Capacité à faire de beaux cadeaux : ______

Physique : ____________________

Humour : ____________________

Lourdeur : ____________________

Gentillesse : ____________________

Serviabilité : ____________________

Intelligence : ____________________

Culture : ____________________

Capacité à faire la fête : ______________

Rancunier(e) : ____________________

Note globale : ____________________

Autres éléments à connaître : ___________

____

AUTRE MEMBRE IMPORTANT DE MA FAMILLE

PHOTO

- Prénom(s) et nom ? . . . . . .
- Date de naissance ? . . . . . .
- Jour de la fête ? . . . . . .
- Adresse ? . . . .
- Mail ? . . . .
- Téléphone ? . . . .
- Profession ? . . . .
- En couple avec ? . . . . . .
- Date de mariage ? . . . . .
- Enfants ? . . . .
- Êtes-vous toujours en contact ? . .
- Dernières dates où vous vous êtes vus ? . . . . . .
- Êtes-vous fâché(e)s ? . . . . . .

Catégorie :

- ☐ Grand-père / Grand-mère
- ☐ Oncle / Tante
- ☐ Cousin / Cousine
- ☐ Cousin / Cousine éloigné(e)
- ☐ Neveu / Nièce
- ☐ Filleul / Filleule
- ☐ Beau-frère / Belle-sœur
- ☐ Beau-père / Belle-mère
- ☐ Belle-famille

- Causes de la fâcherie ?
- Opinions politiques ?
- Sujets à éviter lors d'un dîner familial ?
- Comment l'appelez-vous ?

Vous l'aimez :

- [ ] Un peu
- [ ] Beaucoup
- [ ] Passionnément
- [ ] Pas tellement
- [ ] Pas du tout
- [ ] Parce que c'est obligé

- Comment le (la) décririez-vous en quelques mots ?
- Quelle est la première chose qui vous vient quand vous pensez à lui (elle) ?

Quels sont vos 5 plus beaux souvenirs avec lui (elle) ?

Quels sont vos 5 pires souvenirs avec lui (elle) ?

- Qu'aimez-vous chez lui (elle) ?
- Que n'aimez-vous pas chez lui (elle) ?
- Quelles sont ses principales qualités ?
- Quels sont ses principaux défauts ?
- Quels sont les vices que vous lui connaissez ?
- Pourquoi l'aimez-vous ?
- Pourquoi ne l'aimez-vous pas ?
- Que n'avez-vous jamais osé lui dire ?
- Quelle question aimeriez-vous lui poser ?
- Qu'est-ce que vous aimeriez hériter de sa part ?
- Que vous a-t-il (elle) appris ou apporté dans la vie ?
- Qu'est-ce qui vous fait plaisir chaque fois que vous le (la) voyez ?
- Qu'est-ce qui vous énerve particulièrement chez lui (elle) ?
- De quoi vaut-il mieux ne pas lui parler pour ne pas gâcher l'ambiance ?
- Quels sont ses centres d'intérêt ?

- Quel est son sujet de conversation favori ?
- À quoi est-il (elle) bon(ne) ?
- À quoi est-il (elle) mauvais(e) ?
- Quels sont les cadeaux que vous lui avez faits ?
- Quels sont les cadeaux qu'il (elle) vous a faits ?
- Quelle est son expression favorite ?
- Qu'est-ce que vous aimeriez lui emprunter ?
- Que lui avez-vous pardonné ?
- Que ne lui avez-vous jamais pardonné ?
- Je l'adore quand...
- Il (elle) m'énerve un peu quand...
- Il (elle) est idéal(e) pour...
- Il (elle) devrait plus souvent...
- J'aurais dû lui dire un jour que...
- Je ne comprends toujours pas pourquoi il (elle)...

- Je ne le (la) remercierai jamais assez pour...

Notes (sur 5) :

Amour de la famille : ____________________

Générosité : ____________________

Disponibilité : ____________________

Capacité à faire de beaux cadeaux : ____________________

Physique : ____________________

Humour : ____________________

Lourdeur : ____________________

Gentillesse : ____________________

Serviabilité : ____________________

Intelligence : ____________________

Culture : ____________________

Capacité à faire la fête : ____________________

Rancunier(e) : ____________________

Note globale : ____________________

Autres éléments à connaître : ____________________

AUTRE MEMBRE IMPORTANT DE MA FAMILLE

PHOTO

- Prénom(s) et nom ? . . . . .
- Date de naissance ? . . . . .
- Jour de la fête ? . . . . . .
- Adresse ? . . . .
- Mail ? . . . .

- Téléphone ? . . . .
- Profession ? . . . .
- En couple avec ? . . . . . .
- Date de mariage ? . . . . .
- Enfants ? . . . .
- Êtes-vous toujours en contact ? . .
- Dernières dates où vous vous êtes vus ? . . . .
- Êtes-vous fâché(e)s ? . . . .

Catégorie :

- ☐ Grand-père / Grand-mère
- ☐ Oncle / Tante
- ☐ Cousin / Cousine
- ☐ Cousin / Cousine éloigné(e)
- ☐ Neveu / Nièce
- ☐ Filleul / Filleule
- ☐ Beau-frère / Belle-sœur
- ☐ Beau-père / Belle-mère
- ☐ Belle-famille

- Causes de la fâcherie ? . . . .

. . . .

- Opinions politiques ? . . . . .

. . . .

- Sujets à éviter lors d'un dîner . . . familial ? . . . .

. . . .

- Comment l'appelez-vous ? . . .

. . . .

Vous l'aimez :

- [ ] Un peu
- [ ] Beaucoup
- [ ] Passionnément
- [ ] Pas tellement
- [ ] Pas du tout
- [ ] Parce que c'est obligé

- Comment le (la) décririez-vous en quelques mots ? . . . .

. . . .

- Quelle est la première chose qui vous vient quand vous pensez à lui (elle) ? . . . .

. . . .

Quels sont vos 5 plus beaux souvenirs avec lui (elle) ?

....

....

....

....

....

Quels sont vos 5 pires souvenirs avec lui (elle) ?

....

....

....

....

....

. . . .

- Qu'aimez-vous chez lui (elle) ?
- Que n'aimez-vous pas chez lui (elle) ?
- Quelles sont ses principales qualités ?
- Quels sont ses principaux défauts ?
- Quels sont les vices que vous lui connaissez ?
- Pourquoi l'aimez-vous ?
- Pourquoi ne l'aimez-vous pas ?
- Que n'avez-vous jamais osé lui dire ?
- Quelle question aimeriez-vous lui poser ?
- Qu'est-ce que vous aimeriez hériter de sa part ?
- Que vous a-t-il (elle) appris ou apporté dans la vie ?
- Qu'est-ce qui vous fait plaisir chaque fois que vous le (la) voyez ?
- Qu'est-ce qui vous énerve particulièrement chez lui (elle) ?
- De quoi vaut-il mieux ne pas lui parler pour ne pas gâcher l'ambiance ?
- Quels sont ses centres d'intérêt ?

- Quel est son sujet de conversation favori ?
- À quoi est-il (elle) bon(ne) ?
- À quoi est-il (elle) mauvais(e) ?
- Quels sont les cadeaux que vous lui avez faits ?
- Quels sont les cadeaux qu'il (elle) vous a faits ?
- Quelle est son expression favorite ?
- Qu'est-ce que vous aimeriez lui emprunter ?
- Que lui avez-vous pardonné ?
- Que ne lui avez-vous jamais pardonné ?
- Je l'adore quand…
- Il (elle) m'énerve un peu quand…
- Il (elle) est idéal(e) pour…
- Il (elle) devrait plus souvent…
- J'aurais dû lui dire un jour que…
- Je ne comprends toujours pas pourquoi il (elle)…

- Je ne le (la) remercierai jamais assez pour...

Notes (sur 5) :

Amour de la famille : ____________________
Générosité : ____________________
Disponibilité : ____________________
Capacité à faire de beaux cadeaux : ______
Physique : ____________________
Humour : ____________________
Lourdeur : ____________________
Gentillesse : ____________________
Serviabilité : ____________________
Intelligence : ____________________
Culture : ____________________
Capacité à faire la fête : ____________
Rancunier(e) : ____________________

Note globale : ____________________
Autres éléments à connaître : __________
____

AUTRE MEMBRE IMPORTANT DE MA FAMILLE

PHOTO

- Prénom(s) et nom ?
- Date de naissance ?
- Jour de la fête ?
- Adresse ?
- Mail ?
- Téléphone ?
- Profession ?
- En couple avec ?
- Date de mariage ?
- Enfants ?
- Êtes-vous toujours en contact ?
- Dernières dates où vous vous êtes vus ?
- Êtes-vous fâché(e)s ?

Catégorie :

- ☐ Grand-père / Grand-mère
- ☐ Oncle / Tante
- ☐ Cousin / Cousine
- ☐ Cousin / Cousine éloigné(e)
- ☐ Neveu / Nièce
- ☐ Filleul / Filleule
- ☐ Beau-frère / Belle-sœur
- ☐ Beau-père / Belle-mère
- ☐ Belle-famille

- Causes de la fâcherie ? . . . . .

. . . .

- Opinions politiques ? . . . . .

. . . .

- Sujets à éviter lors d'un dîner . . .
familial ? . . . .

. . . .

- Comment l'appelez-vous ? . . . .

. . . .

Vous l'aimez :

- Un peu
- Beaucoup
- Passionnément
- Pas tellement
- Pas du tout
- Parce que c'est obligé

- Comment le (la) décririez-vous en quelques mots ? . . .

. . . .

- Quelle est la première chose qui vous vient quand vous pensez à lui (elle) ? . . . .

. . . .

Quels sont vos 5 plus beaux souvenirs avec lui (elle) ?

....

....

....

....

....

Quels sont vos 5 pires souvenirs avec lui (elle) ?

....

....

....

....

....

. . . .

- Qu'aimez-vous chez lui (elle) ?
- Que n'aimez-vous pas chez lui (elle) ?
- Quelles sont ses principales qualités ?
- Quels sont ses principaux défauts ?
- Quels sont les vices que vous lui connaissez ?
- Pourquoi l'aimez-vous ?
- Pourquoi ne l'aimez-vous pas ?
- Que n'avez-vous jamais osé lui dire ?
- Quelle question aimeriez-vous lui poser ?
- Qu'est-ce que vous aimeriez hériter de sa part ?
- Que vous a-t-il (elle) appris ou apporté dans la vie ?
- Qu'est-ce qui vous fait plaisir chaque fois que vous le (la) voyez ?
- Qu'est-ce qui vous énerve particulièrement chez lui (elle) ?
- De quoi vaut-il mieux ne pas lui parler pour ne pas gâcher l'ambiance ?
- Quels sont ses centres d'intérêt ?

- Quel est son sujet de conversation favori ?

- À quoi est-il (elle) bon(ne) ?

- À quoi est-il (elle) mauvais(e) ?

- Quels sont les cadeaux que vous lui avez faits ?

- Quels sont les cadeaux qu'il (elle) vous a faits ?

- Quelle est son expression favorite ?

- Qu'est-ce que vous aimeriez lui emprunter ?

- Que lui avez-vous pardonné ?

- Que ne lui avez-vous jamais pardonné ?

- Je l'adore quand...

- Il (elle) m'énerve un peu quand...

- Il (elle) est idéal(e) pour...

- Il (elle) devrait plus souvent...

- J'aurais dû lui dire un jour que...

- Je ne comprends toujours pas pourquoi il (elle)...

- Je ne le (la) remercierai jamais assez pour...

Notes (sur 5) :

Amour de la famille :
Générosité :
Disponibilité :
Capacité à faire de beaux cadeaux :
Physique :
Humour :
Lourdeur :
Gentillesse :
Serviabilité :
Intelligence :
Culture :
Capacité à faire la fête :
Rancunier(e) :

Note globale :
Autres éléments à connaître :

AUTRE MEMBRE IMPORTANT DE MA FAMILLE

PHOTO

- Prénom(s) et nom ?
- Date de naissance ?
- Jour de la fête ?
- Adresse ?
- Mail ?
- Téléphone ?
- Profession ?
- En couple avec ?
- Date de mariage ?
- Enfants ?
- Êtes-vous toujours en contact ?
- Dernières dates où vous vous êtes vus ?
- Êtes-vous fâché(e)s ?

Catégorie :

- ☐ Grand-père / Grand-mère
- ☐ Oncle / Tante
- ☐ Cousin / Cousine
- ☐ Cousin / Cousine éloigné(e)
- ☐ Neveu / Nièce
- ☐ Filleul / Filleule
- ☐ Beau-frère / Belle-sœur
- ☐ Beau-père / Belle-mère
- ☐ Belle-famille

- Causes de la fâcherie ?
- Opinions politiques ?
- Sujets à éviter lors d'un dîner familial ?
- Comment l'appelez-vous ?

Vous l'aimez :

- Un peu
- Beaucoup
- Passionnément
- Pas tellement
- Pas du tout
- Parce que c'est obligé

- Comment le (la) décririez-vous en quelques mots ?
- Quelle est la première chose qui vous vient quand vous pensez à lui (elle) ?

Quels sont vos 5 plus beaux souvenirs avec lui (elle) ?

Quels sont vos 5 pires souvenirs avec lui (elle) ?

- Qu'aimez-vous chez lui (elle) ? . . . .

- Que n'aimez-vous pas chez lui (elle) ? . . . .

- Quelles sont ses principales qualités ? . . . .

- Quels sont ses principaux défauts ? . . . .

- Quels sont les vices que vous lui connaissez ? . . . . .

- Pourquoi l'aimez-vous ? . . . .

- Pourquoi ne l'aimez-vous pas ? . . . .

- Que n'avez-vous jamais osé lui dire ? . . . .

- Quelle question aimeriez-vous lui poser ? . . . . . .

- Qu'est-ce que vous aimeriez hériter de sa part ? . . . .

- Que vous a-t-il (elle) appris ou apporté dans la vie ? . . .

- Qu'est-ce qui vous fait plaisir chaque fois que vous le (la) voyez ?

- Qu'est-ce qui vous énerve particulièrement chez lui (elle) ? .

- De quoi vaut-il mieux ne pas lui parler pour ne pas gâcher . . l'ambiance ? . . . .

- Quels sont ses centres d'intérêt ? . . . .

- Quel est son sujet de conversation favori ?
- À quoi est-il (elle) bon(ne) ?
- À quoi est-il (elle) mauvais(e) ?
- Quels sont les cadeaux que vous lui avez faits ?
- Quels sont les cadeaux qu'il (elle) vous a faits ?
- Quelle est son expression favorite ?
- Qu'est-ce que vous aimeriez lui emprunter ?
- Que lui avez-vous pardonné ?
- Que ne lui avez-vous jamais pardonné ?
- Je l'adore quand...
- Il (elle) m'énerve un peu quand...
- Il (elle) est idéal(e) pour...
- Il (elle) devrait plus souvent...
- J'aurais dû lui dire un jour que...
- Je ne comprends toujours pas pourquoi il (elle)...

- Je ne le (la) remercierai jamais assez pour...

Notes (sur 5) :

Amour de la famille : ____________________
Générosité : ____________________
Disponibilité : ____________________
Capacité à faire de beaux cadeaux : ____________________
Physique : ____________________
Humour : ____________________
Lourdeur : ____________________
Gentillesse : ____________________
Serviabilité : ____________________
Intelligence : ____________________
Culture : ____________________
Capacité à faire la fête : ____________________
Rancunier(e) : ____________________

Note globale : ____________________
Autres éléments à connaître : ____________________

AUTRE MEMBRE IMPORTANT DE MA FAMILLE

PHOTO

- Prénom(s) et nom ?
- Date de naissance ?
- Jour de la fête ?
- Adresse ?
- Mail ?
- Téléphone ?
- Profession ?
- En couple avec ?
- Date de mariage ?
- Enfants ?
- Êtes-vous toujours en contact ?
- Dernières dates où vous vous êtes vus ?
- Êtes-vous fâché(e)s ?

Catégorie :

- ☐ Grand-père / Grand-mère
- ☐ Oncle / Tante
- ☐ Cousin / Cousine
- ☐ Cousin / Cousine éloigné(e)
- ☐ Neveu / Nièce
- ☐ Filleul / Filleule
- ☐ Beau-frère / Belle-sœur
- ☐ Beau-père / Belle-mère
- ☐ Belle-famille

- Causes de la fâcherie ? . . . .
- Opinions politiques ? . . . .
- Sujets à éviter lors d'un dîner familial ? . . . .
- Comment l'appelez-vous ? . . . .

Vous l'aimez :

- ☐ Un peu
- ☐ Beaucoup
- ☐ Passionnément
- ☐ Pas tellement
- ☐ Pas du tout
- ☐ Parce que c'est obligé

- Comment le (la) décririez-vous en quelques mots ? . . . .
- Quelle est la première chose qui vous vient quand vous pensez à lui (elle) ? . . . .

Quels sont vos 5 plus beaux souvenirs avec lui (elle) ?

....

....

....

....

....

Quels sont vos 5 pires souvenirs avec lui (elle) ?

....

....

....

....

....

. . . .

- Qu'aimez-vous chez lui (elle) ?
- Que n'aimez-vous pas chez lui (elle) ?
- Quelles sont ses principales qualités ?
- Quels sont ses principaux défauts ?
- Quels sont les vices que vous lui connaissez ?
- Pourquoi l'aimez-vous ?
- Pourquoi ne l'aimez-vous pas ?
- Que n'avez-vous jamais osé lui dire ?
- Quelle question aimeriez-vous lui poser ?
- Qu'est-ce que vous aimeriez hériter de sa part ?
- Que vous a-t-il (elle) appris ou apporté dans la vie ?
- Qu'est-ce qui vous fait plaisir chaque fois que vous le (la) voyez ?
- Qu'est-ce qui vous énerve particulièrement chez lui (elle) ?
- De quoi vaut-il mieux ne pas lui parler pour ne pas gâcher l'ambiance ?
- Quels sont ses centres d'intérêt ?

- Quel est son sujet de conversation favori ?
- À quoi est-il (elle) bon(ne) ?
- À quoi est-il (elle) mauvais(e) ?
- Quels sont les cadeaux que vous lui avez faits ?
- Quels sont les cadeaux qu'il (elle) vous a faits ?
- Quelle est son expression favorite ?
- Qu'est-ce que vous aimeriez lui emprunter ?
- Que lui avez-vous pardonné ?
- Que ne lui avez-vous jamais pardonné ?
- Je l'adore quand...
- Il (elle) m'énerve un peu quand...
- Il (elle) est idéal(e) pour...
- Il (elle) devrait plus souvent...
- J'aurais dû lui dire un jour que...
- Je ne comprends toujours pas pourquoi il (elle)...

- Je ne le (la) remercierai jamais assez pour...

Notes (sur 5) :

Amour de la famille : ____________________

Générosité : ____________________

Disponibilité : ____________________

Capacité à faire de beaux cadeaux : ________

Physique : ____________________

Humour : ____________________

Lourdeur : ____________________

Gentillesse : ____________________

Serviabilité : ____________________

Intelligence : ____________________

Culture : ____________________

Capacité à faire la fête : ______________

Rancunier(e) : ____________________

Note globale : ____________________

Autres éléments à connaître : ____________

____

AUTRE MEMBRE IMPORTANT DE MA FAMILLE

PHOTO

- Prénom(s) et nom ? . . . . .
- Date de naissance ? . . . . .
- Jour de la fête ? . . . . . .
- Adresse ? . . . .
- Mail ? . . . .
- Téléphone ? . . . .
- Profession ? . . . .
- En couple avec ? . . . . . .
- Date de mariage ? . . . . .
- Enfants ? . . . .
- Êtes-vous toujours en contact ? . .
- Dernières dates où vous vous êtes vus ? . . . .
- Êtes-vous fâché(e)s ? . . . .

Catégorie :

- ☐ Grand-père / Grand-mère
- ☐ Oncle / Tante
- ☐ Cousin / Cousine
- ☐ Cousin / Cousine éloigné(e)
- ☐ Neveu / Nièce
- ☐ Filleul / Filleule
- ☐ Beau-frère / Belle-sœur
- ☐ Beau-père / Belle-mère
- ☐ Belle-famille

- Causes de la fâcherie ? . . . .
- Opinions politiques ? . . . .
- Sujets à éviter lors d'un dîner familial ? . . . .
- Comment l'appelez-vous ? . . . .

Vous l'aimez :

- Un peu
- Beaucoup
- Passionnément
- Pas tellement
- Pas du tout
- Parce que c'est obligé

- Comment le (la) décririez-vous en quelques mots ? . . . .
- Quelle est la première chose qui vous vient quand vous pensez à lui (elle) ? . . . .

Quels sont vos 5 plus beaux souvenirs avec lui (elle) ?

....

....

....

....

....

Quels sont vos 5 pires souvenirs avec lui (elle) ?

....

....

....

....

....

. . . .

- Qu'aimez-vous chez lui (elle) ?
- Que n'aimez-vous pas chez lui (elle) ?
- Quelles sont ses principales qualités ?
- Quels sont ses principaux défauts ?
- Quels sont les vices que vous lui connaissez ?
- Pourquoi l'aimez-vous ?
- Pourquoi ne l'aimez-vous pas ?
- Que n'avez-vous jamais osé lui dire ?
- Quelle question aimeriez-vous lui poser ?
- Qu'est-ce que vous aimeriez hériter de sa part ?
- Que vous a-t-il (elle) appris ou apporté dans la vie ?
- Qu'est-ce qui vous fait plaisir chaque fois que vous le (la) voyez ?
- Qu'est-ce qui vous énerve particulièrement chez lui (elle) ?
- De quoi vaut-il mieux ne pas lui parler pour ne pas gâcher l'ambiance ?
- Quels sont ses centres d'intérêt ?

- Quel est son sujet de conversation favori ?
- À quoi est-il (elle) bon(ne) ?
- À quoi est-il (elle) mauvais(e) ?
- Quels sont les cadeaux que vous lui avez faits ?
- Quels sont les cadeaux qu'il (elle) vous a faits ?
- Quelle est son expression favorite ?
- Qu'est-ce que vous aimeriez lui emprunter ?
- Que lui avez-vous pardonné ?
- Que ne lui avez-vous jamais pardonné ?
- Je l'adore quand...
- Il (elle) m'énerve un peu quand...
- Il (elle) est idéal(e) pour...
- Il (elle) devrait plus souvent...
- J'aurais dû lui dire un jour que...
- Je ne comprends toujours pas pourquoi il (elle)...

- Je ne le (la) remercierai jamais assez pour...

Notes (sur 5) :

Amour de la famille : ____________________

Générosité : ____________________

Disponibilité : ____________________

Capacité à faire de beaux cadeaux : ______

Physique : ____________________

Humour : ____________________

Lourdeur : ____________________

Gentillesse : ____________________

Serviabilité : ____________________

Intelligence : ____________________

Culture : ____________________

Capacité à faire la fête : ____________________

Rancunier(e) : ____________________

Note globale : ____________________

Autres éléments à connaître : ____________

AUTRE MEMBRE IMPORTANT DE MA FAMILLE

PHOTO

- Prénom(s) et nom ?
- Date de naissance ?
- Jour de la fête ?
- Adresse ?
- Mail ?
- Téléphone ?
- Profession ?
- En couple avec ?
- Date de mariage ?
- Enfants ?
- Êtes-vous toujours en contact ?
- Dernières dates où vous vous êtes vus ?
- Êtes-vous fâché(e)s ?

Catégorie :

- ☐ Grand-père / Grand-mère
- ☐ Oncle / Tante
- ☐ Cousin / Cousine
- ☐ Cousin / Cousine éloigné(e)
- ☐ Neveu / Nièce
- ☐ Filleul / Filleule
- ☐ Beau-frère / Belle-sœur
- ☐ Beau-père / Belle-mère
- ☐ Belle-famille

- Causes de la fâcherie ?
- Opinions politiques ?
- Sujets à éviter lors d'un dîner familial ?
- Comment l'appelez-vous ?

Vous l'aimez :

- Un peu
- Beaucoup
- Passionnément
- Pas tellement
- Pas du tout
- Parce que c'est obligé

- Comment le (la) décririez-vous en quelques mots ?
- Quelle est la première chose qui vous vient quand vous pensez à lui (elle) ?

Quels sont vos 5 plus beaux souvenirs avec lui (elle) ?

Quels sont vos 5 pires souvenirs avec lui (elle) ?

- Qu'aimez-vous chez lui (elle) ?
- Que n'aimez-vous pas chez lui (elle) ?
- Quelles sont ses principales qualités ?
- Quels sont ses principaux défauts ?
- Quels sont les vices que vous lui connaissez ?
- Pourquoi l'aimez-vous ?
- Pourquoi ne l'aimez-vous pas ?
- Que n'avez-vous jamais osé lui dire ?
- Quelle question aimeriez-vous lui poser ?
- Qu'est-ce que vous aimeriez hériter de sa part ?
- Que vous a-t-il (elle) appris ou apporté dans la vie ?
- Qu'est-ce qui vous fait plaisir chaque fois que vous le (la) voyez ?
- Qu'est-ce qui vous énerve particulièrement chez lui (elle) ?
- De quoi vaut-il mieux ne pas lui parler pour ne pas gâcher l'ambiance ?
- Quels sont ses centres d'intérêt ?

- Quel est son sujet de conversation favori ?
- À quoi est-il (elle) bon(ne) ?
- À quoi est-il (elle) mauvais(e) ?
- Quels sont les cadeaux que vous lui avez faits ?
- Quels sont les cadeaux qu'il (elle) vous a faits ?
- Quelle est son expression favorite ?
- Qu'est-ce que vous aimeriez lui emprunter ?
- Que lui avez-vous pardonné ?
- Que ne lui avez-vous jamais pardonné ?
- Je l'adore quand...
- Il (elle) m'énerve un peu quand...
- Il (elle) est idéal(e) pour...
- Il (elle) devrait plus souvent...
- J'aurais dû lui dire un jour que...
- Je ne comprends toujours pas pourquoi il (elle)...

- Je ne le (la) remercierai jamais assez pour...

Notes (sur 5) :

Amour de la famille : ____________________

Générosité : ____________________

Disponibilité : ____________________

Capacité à faire de beaux cadeaux : ______

Physique : ____________________

Humour : ____________________

Lourdeur : ____________________

Gentillesse : ____________________

Serviabilité : ____________________

Intelligence : ____________________

Culture : ____________________

Capacité à faire la fête : ______________

Rancunier(e) : ____________________

Note globale : ____________________

Autres éléments à connaître : __________

____

AUTRE MEMBRE IMPORTANT DE MA FAMILLE

PHOTO

- Prénom(s) et nom ? . . . .
- Date de naissance ? . . . .
- Jour de la fête ? . . . .
- Adresse ? . . . .
- Mail ? . . . .

- Téléphone ? . . . .
- Profession ? . . . .
- En couple avec ? . . . .
- Date de mariage ? . . . .
- Enfants ? . . . .
- Êtes-vous toujours en contact ? . . . .
- Dernières dates où vous vous êtes vus ? . . . .
- Êtes-vous fâché(e)s ? . . . .

Catégorie :

- ☐ Grand-père / Grand-mère
- ☐ Oncle / Tante
- ☐ Cousin / Cousine
- ☐ Cousin / Cousine éloigné(e)
- ☐ Neveu / Nièce
- ☐ Filleul / Filleule
- ☐ Beau-frère / Belle-sœur
- ☐ Beau-père / Belle-mère
- ☐ Belle-famille

- Causes de la fâcherie ?
- Opinions politiques ?
- Sujets à éviter lors d'un dîner familial ?
- Comment l'appelez-vous ?

Vous l'aimez :

- ☐ Un peu
- ☐ Beaucoup
- ☐ Passionnément
- ☐ Pas tellement
- ☐ Pas du tout
- ☐ Parce que c'est obligé

- Comment le (la) décririez-vous en quelques mots ?
- Quelle est la première chose qui vous vient quand vous pensez à lui (elle) ?

Quels sont vos 5 plus beaux souvenirs avec lui (elle) ?

Quels sont vos 5 pires souvenirs avec lui (elle) ?

- Qu'aimez-vous chez lui (elle) ?
- Que n'aimez-vous pas chez lui (elle) ?
- Quelles sont ses principales qualités ?
- Quels sont ses principaux défauts ?
- Quels sont les vices que vous lui connaissez ?
- Pourquoi l'aimez-vous ?
- Pourquoi ne l'aimez-vous pas ?
- Que n'avez-vous jamais osé lui dire ?
- Quelle question aimeriez-vous lui poser ?
- Qu'est-ce que vous aimeriez hériter de sa part ?
- Que vous a-t-il (elle) appris ou apporté dans la vie ?
- Qu'est-ce qui vous fait plaisir chaque fois que vous le (la) voyez ?
- Qu'est-ce qui vous énerve particulièrement chez lui (elle) ?
- De quoi vaut-il mieux ne pas lui parler pour ne pas gâcher l'ambiance ?
- Quels sont ses centres d'intérêt ?

- Quel est son sujet de conversation favori ?
- À quoi est-il (elle) bon(ne) ?
- À quoi est-il (elle) mauvais(e) ?
- Quels sont les cadeaux que vous lui avez faits ?
- Quels sont les cadeaux qu'il (elle) vous a faits ?
- Quelle est son expression favorite ?
- Qu'est-ce que vous aimeriez lui emprunter ?
- Que lui avez-vous pardonné ?
- Que ne lui avez-vous jamais pardonné ?
- Je l'adore quand...
- Il (elle) m'énerve un peu quand...
- Il (elle) est idéal(e) pour
- Il (elle) devrait plus souvent...
- J'aurais dû lui dire un jour que...
- Je ne comprends toujours pas pourquoi il (elle)...

- Je ne le (la) remercierai jamais assez pour...

Notes (sur 5) :

Amour de la famille : ___

Générosité : ___

Disponibilité : ___

Capacité à faire de beaux cadeaux : ___

Physique : ___

Humour : ___

Lourdeur : ___

Gentillesse : ___

Serviabilité : ___

Intelligence : ___

Culture : ___

Capacité à faire la fête : ___

Rancunier(e) : ___

Note globale : ___

Autres éléments à connaître : ___

MES LISTES DE FAMILLE

- Les autres membres de votre famille qui ne méritaient pas une fiche mais qui sont là quand même (nom – liens familiaux)

- Les membres de votre famille qui vous manquent

- Les membres de votre famille que vous inviterez à votre mariage

- Les membres de votre famille que vous n'inviterez pas à votre mariage

- Les membres de votre famille qui ne sont pas venus à votre mariage

- Les membres de votre famille qui sont cools et sympas

- Les membres de votre famille qui sont foncièrement méchants

- Les membres de votre famille qui étaient plus sympas avant

Les membres de votre famille dont vous vous vengerez un jour

Nom	Raison

Les membres de votre famille qui vous ont emprunté de l'argent

Nom	Montant

- Les membres de votre famille dont vous n'avez absolument rien à faire

- Les membres de votre famille à qui vous n'avez jamais rien à dire

- Les membres de votre famille qui ont quand même un peu mauvaise haleine

Remerciements

À toute ma famille évidemment, les Ribeiro,
les Barbé, les Jantet, les Piron, les Lejop,
à mon bébé-chat et à mon bébé-lapin
et aux productions « Avec du sel autour… ».